좋은 질문의 힘

대화를 이끌고
관계를 바꾸는

김혜민 지음

좋은 질문의 힘

추천의 글

질문에 관해 이처럼 깊이 파고든 책이 또 있을까. 질문의 기술을 말하는 책은 많지만, 삶을 꿰뚫는 통찰과 따뜻한 위로까지 주는 책은 흔치 않다. 20년 동안 질문하며 살아온 저자이기에 가능한 일이다. 일 잘하고 말 잘하고 싶은 분, 관계의 매듭이 안 풀려 고민하는 분, 소통에 목마르고 지친 분, 어제보다 나은 내일을 살고 싶은 분에게 꼭 필요한 책이다. 이 책을 읽고 나면 나의 질문이, 아니 나의 삶이 달라질 것이다.

**강원국** 작가, 《대통령의 글쓰기》 저자

김혜민은 나보다 열심히 사는 후배다.
김혜민은 피디다.
김혜민은 어느 날 첫 번째 책을 썼다.
김혜민은 어느 날 두 번째 책을 썼다.
김혜민은 어느 날 피디를 그만뒀다.
이 책은 김혜민의 세 번째 책이다.
김혜민을 이토록 치열하게 밀어붙이는 힘이 궁금했다.
해답은 '질문'이었다.
이 책으로 당신의 질문을 시작하라.

**고명환** 개그맨·작가, 《고전이 답했다 마땅히 살아야 할 삶에 대하여》 저자

사람들은 드라마 감독이 무언가를 지시하는 역할이라고 생각하지만, 사실 좋은 관계를 맺기 위해서는 지시보다 질문이 더 중요하다. 작가도, 배우도, 촬영진도 각자의 분야에서 최고의 전문가들이다. 그들에게 무언가를 명령하는 대신 나는 묻는다. "이 장면은 어떻게 연기하면 좋을까요?" "이 컷은 어떻게 찍으면 좋을까요?" 묻는다는 건 함께 만들어간다는 뜻이다. 내가 아는 김혜민 작가는 늘 좋은 질문으로 좋은 사람들과 깊은 관계를 만들어온 사람이다. 그의 질문에는 사람의 마음을 여는 열쇠가 있고, 그 마음을 얻은 사람이 결국 세상에서 기회를 갖게 된다는 걸 배웠다. 나는 이 책이 궁금하다. 김혜민 작가가 어떻게 세상에 질문을 던지고, 사람을 얻고, 이야기를 만들었는지, 그 노하우가 담긴 이 책이.

_**김민식** 작가, 《영어책 한 권 외워봤니?》 저자

정신과 의사로서 나는 늘 "어떻게 하면 좋은 질문을 할 수 있을까?"를 고민하며 살아간다. 좋은 질문이 있어야 좋은 답을 얻을 수 있고, 질문을 통해서만 필요한 정보를 얻을 수 있으며, 결국 질문은 관계를 여는 열쇠이기 때문이다. AI와 챗GPT가 척척 답을 주는 시대, 이제는 '잘 묻는 능력'이 곧 경쟁력이다. 그런 점에서 김혜민 작가의 《좋은 질문의 힘》은 내 오랜 고민에 명쾌한 답을 건넨다. 시간 가는 줄 모르고 책장을 덮을 즈음이면, 독자 역시 스스로 좋은 질문을 만드는 힘과 질문할 줄 아는 좋은 태도를 갖게 될 것이다.

_**나종호** 예일대학교 정신의학과 교수, 《만일 내가 그때 내 말을 들어줬더라면》 저자

Prolog

좋은 질문이
좋은 사람과
좋은 기회를 가져온다

질문, 자주 하시나요? 강의 후 뭘 물어야 할지 몰라 머릿속이 하얘지거나, 대화 도중에 상대방에게 할 질문이 없어서 대화의 맥이 끊기거나, 회의 시간에 말하기 어려워서 아예 발언을 하지 않았던 적 한 번쯤은 있으시죠? 사실 질문하는 일은 질문을 업으로 삼는 직업인에게도 어렵습니다. 몇 년 전, 미국 대통령 기자회견에서 우리 기자들이 질문하지 않아 비난을 받은 적이 있었죠. 공적인 자리에서 질문을 잘못 던졌다가 망신을 당한 일도 오랜 시간 회자됐었고요. 이처럼 질문은 내가 얼마나 이 일을 잘 이해하고 수행하고 있는가, 나의 능력을 나타내는 지표가 되기도 합니다.

또한 질문은 일의 영역에서뿐 아니라, 개인적인 소통의 대부분이기도 합니다. 잘 생각해 보세요. 오늘 우리가 나눈 대화의 팔 할은 질문과 답으로 이뤄집니다. 우리가 처음 배우는 영어 역시 "How are you?", "Fine thank you. and you?"와 같은 질문 형식의 인사잖아요. 질문이 있고서야 비로소 대화가 이뤄지는 게 인간의 소통입니다.

저는 20년째 질문하는 일을 하고 있습니다. 2006년부터 현재까지, 아나운서로, 기자로, 피디로, 작가로 일하며 평범한 직장인부터 이름만 말하면 전 국민이 알만한 유명인까지, 다양하게 만나고 많은 질문을 던졌습니다. 처음엔 어떻게 다가가야 할지, 어떻게 말해야 할지, 어떤 질문부터 해야 할지 쉽사리 입이 떨어지지 않을 때도 있었습니다. 불편하고 어려운 질문을 던져야 하는 순간도 있었습니다. 그런데 오랜 세월 각양각색 질문을 하다 보니 저만의 질문 노하우도 생겼습니다. 좋은 질문을 던지면 빠짐없이 좋은 답변이 돌아왔습니다. 그리고 풍성한 대화가 이어졌습니다.

직장인들이 가장 힘들어하는 것은 매일 반복되는 일이 아닌 새로운 프로젝트를 기획하는 일입니다. 위에서 "새로운 거 하나 내놔 봐", "이거 말고, 뭔가 획기적인 거 없어?"라는 엄청난 질문을 너무나 간단하게 던지는데, 답변을 내놓기는 쉽지가 않습니다. 저도 마찬가지예요. 밥 시계처럼 개편 때는 어쩜 이리 잘 돌아오는지, 피디로서 세상에 없는 프로그램을 내놓고 싶지만 '해 아래 새것이 없다'라는 진리처럼 내가 생각한 건 이미 세상에 있더군요. 그때 질문하나가 이 막막함을 깨더라고요. 잔잔한 호수에 던진 돌처럼, 익숙한 세상 속에 때로는 조금은 낯설어 보이는 새로운 사회 현상 속에 "왜?", "지금 이 시점에?", "무엇 때문에?", "굳이?"라는 질문들이 자연스레 기획 아이템이 되더라고요.

2016년, 대한민국에는 시 열풍이 불었는데요. "갑자기? 시를? 책도 잘 안 읽는 현대인들이 왜 시를 읽을까?"라는 질문이 생겼습니다. 이 질문이 라디오 다큐멘터리 〈시, 다시 꽃 피우다〉라는 작품을 만들게 했습니다. "왜 사람들은 자살할까? 어떻게 하면 자살을 막을 수 있을까?"라는 질문은 자살 예방 다큐멘터리 〈검색할 수 없는 두 글자〉의 제작으로 이어졌고요. "100세 시대에 50대라는 나이는 어떤 나이일까?"라는 질문이 〈당신의 전성기, 오늘〉이라는 프로그램을 만들게 했고, 그 프로그램에서 얻은 답으로 첫 책《눈

떠보니 50》을 쓸 수 있었습니다. 방송에서 훌륭하거나 그렇지 못한 어른들을 만나면서 "그렇다면 나는 어떤 어른이 되었을까?"라는 내면의 질문을 갖게 됐고, 이에 대한 답을 담아 두 번째 책 《지금보다 괜찮은 어른》을 출간했습니다.

아래 표의 질문들을 한 번 살펴봅니다. 잘 보시면 화살표가 한쪽이 아니라 양쪽으로 향해 있습니다.

질문은 사적, 공적 영역이 없습니다. 개인의 문제와 궁금증으로 시작된 질문은 타인과 공동체의 질문으로 확장되기도 하고, 사회 현상에 대한 질문의 답을 찾다가 개인적인 문제의 답을 찾기도

"나는 뭘 하고 먹고살아야 할까?"	↔	"이 시대는 어떤 직업인을 필요로 하는 것일까?" "앞으로 어떤 직업이 사라지고, 새로운 직업이 생길까?"
"나는 누구와 결혼해야 할까?"	↔	"혈액형, MBTI에 열광하는 이유는 무엇일까?" "사람들은 왜 자신이 누구인지 궁금해하고 증명받고 싶어 할까?"
"나는 이렇게 살아도 괜찮을까?"	↔	"인간에게 어떤 가치가 가장 중요할까?" "요즘 핫한 자기계발 분야는 무엇일까?"

합니다. 질문의 선순환이죠. 질문은 얼마든지 확장할 수 있고 자신뿐 아니라 내가 속한 공동체를 변화시키고 발전하게 할 수 있습니다. 질문을 갖는 순간, 내 인생뿐 아니라 세상의 주도권을 가지게 됩니다.

어른이 돼서 갖는 질문은 학창 시절 문제집에서 본 질문과는 차원이 다릅니다. 문제집에 나오는 질문은 정답이 있었지만, 인생에서 던지고 받는 질문은 꼭 정답이 있는 것이 아니니까요. 그래서 답을 찾지 못한다 해도 질문 자체가 지식으로, 지혜로, 감동으로 나를 성장시킬 수 있습니다. 질문 그 자체가 답이 될 수 있습니다. 어른이 돼서 대답만 하고는 살 수 없습니다. 지금처럼 대답만 하고 살다 보면 주입식 교육 속에서 자란 청소년기에서 나의 성장은 멈추는 겁니다. 결국 내가 던진 질문이 나를 증명하고 만들어갑니다.

여러 노력 끝에 꽤 좋은 질문을 할 수 있는 능력이 생기니, 일의 성과만 거두는 것이 아니라 사회생활을 하는 데도 도움이 되더군요. 때로는 불편한 사람들과 관계를 회복해야 할 때 질문 하나가 큰 역할을 할 때도 있었고, 질문 하나가 가깝게 지내고 싶은 사람들과 서로를 끌어당기는 자석의 역할을 할 때도 있었습니다.

앞서 제가 20년째 질문하는 사람으로 살고 있다고 했지만, 43년째 질문하는 인생을 살고 있다고 표현하는 것이 정확할 것입니다. 학창 시절, 저는 늘 손을 들고 질문하는 학생이었거든요. 잘 아시겠지만, 대한민국에서 첫 질문자가 되는 것은 큰 용기가 필요한 일입니다. 첫 질문은 고요한 호수에 돌을 던지거나 곧 녹아버릴 것 같은 얼음을 깨는 일과 비슷하니까요. 모두가 나를 쳐다보고 자신만의 기준으로 내 질문을 평가합니다. 나는 그저 궁금해서 물어본 건데, 어느새 나는 '튀기 좋아하는 애, 피곤한 애, 시비 거는 애, 쓸데없는 이야기 하는 애'가 되어 버리니까요. 그래도 저는 내 안에 넘치는 질문을 외면할 수는 없었습니다. 그래서 타협을 했죠. 어느 순간부터 "질문 있는 사람?"이라는 선생님의 말에 첫 번째가 아닌 두 번째 주자로 손을 들었습니다.

그래도 질문하는 인간으로 살기 위해, 질문을 포기하지 않았습니다. 포기하지 않기를 잘했습니다. 지나온 시간을 돌아보니 질문하는 일이 얼마나 중요한 행위인지 깨달았기 때문이죠. 질문을 담은 물음표는 또 다른 질문의 물음표로 발전되기도 하고, 깨달음의 느낌표가 되기도 합니다. 일의 마침표가 될 때도, 쉼 없이 달려오던 인생길에 쉼표가 되기도 하고요. 이렇게 질문은 구름판이 되기도 하고 브레이크가 되기도 합니다.

질문을 해야 겠다고 마음을 먹으면, 당연한 것이 하나도 없어집니다. 소극적인 자세가 적극적인 태도로 바뀝니다. 그러면 일의 과정이 바뀌고, 결과가 달라집니다. 결국 문제를 대하는 태도가 바뀌고, 인간관계가 바뀌고, 인생이 변화합니다.

챗GPT에게 물어보면 다 알려주는 세상에서 인간이 갖는 질문이 뭐 그리 중요하냐고 생각하는 독자도 있을지 모르겠습니다. 그래서 더 인간만이, 사람이어서 던질 수 있는 질문이 무엇인지, 질문의 본질이 무엇인지 더 깊이 들여다봐야 합니다. 앞으로는 인간다운 질문을 던지는 능력이 가장 중요한 재능이 될 것입니다. 이때 중요한 것이 바로 '질문을 고르는 능력', '질문을 만드는 능력'입니다.

AI는 기존에 있던 방대한 자료를 누구보다 잘 조합해 대답합니다. 내가 어떻게 질문하느냐에 따라 매번 다른 답변을 내놓습니다. AI 시대의 답변은 챗GPT의 것일지 몰라도, 질문의 키는 사람이 쥐고 있습니다. AI 시대에 필요한 역량은 '대답하는 능력'이 아니라, '질문하는 힘'입니다.

질문하는 힘을 키우려면 좋은 질문 하는 법을 공부해야 합니다.

좋은 질문이 좋은 사람과 좋은 기회를 가져오거든요. 그렇다면 어떤 질문이 좋은 질문, 잘한 질문일까요? 질문할 때 필요한 태도와 자세는 무엇일까요? 좋은 질문의 기술은 무엇일까요? 그리고 질문자로 살기 위해 어떤 질문을 해야 할까요? 이 질문에 관한 질문들에 대해 저와 함께 찬찬히 생각해 보시지요.

  부디 이 책이 당신 인생의 크고 작은 질문을 던져주길 바랍니다.

2025년

질문자 김혜민

차례

추천의 글 · 4

Prolog | 좋은 질문이 좋은 사람과 좋은 기회를 가져온다 · 6

Part 1 질문은 기술이 아닌, 사람을 향한 태도다

좋은 질문은 귀에서 자란다 · 18

대화의 물꼬를 트는 역지사지 질문 · 27

역지사지 질문은 모두를 이롭게 한다 · 38

형식과 내용도 중요하다 · 46

질문의 3원칙 · 53

일상에서 질문을 만드는 연습 · 65

좋은 질문을 던지는 사람들과 함께하라 · 73

Part 2 인생을 바꾸는 좋은 질문의 힘

가장 먼저 물어야 하는 질문 · 82

핵심을 파악하게 한다 · 95

이야기를 확장시킨다 · 100

한 번 더 생각하게 한다 · 112

세상을 더 나아지게 한다 · 122

내 인생을 바꾸는 일곱 가지 질문 · 130

Part 3 좋은 질문은 좋은 대화다

말하기와 글쓰기가 기본이다 · 148
좋은 질문의 바탕이 되는 말쓰기 연습법 · 157
닮고 싶은 말쓰기 모델을 정해라 · 163
좋은 질문을 디자인하는 법 · 167
일잘러들의 질문 활용법 · 176
좋은 소통을 위한 질문의 기술 · 186

Part 4 모든 관계는 질문에서 시작된다

사람의 마음을 여는 작은 질문 하나 · 198
당신의 말을 듣겠다는 강력한 시그널 · 201
피터 드러커처럼 질문하라 · 209
핵심을 짚는 통찰, 요약하는 기술 · 218
관계를 단절시키는 나쁜 질문을 경계하라 · 227
뻔하지 않은 질문, 있어 보이는 대화 · 239

Epilogue | 질문하는 삶이 가장 단단하고 깊은 삶이다 · 250

Part 1

질문은 기술이 아닌, 사람을 향한 태도다

좋은 질문은
귀에서 자란다

어릴 때부터 질문이 끊이지 않았던 딸을 천재라고 착각한 저희 어머니는 빠른년생도 아닌 저를 1년 일찍 학교에 보냈습니다. (나중에 후회를 하셨답니다. 딸이 천재가 아닌 걸 아주 빨리 깨달았으니까요.) 안타깝게도 저는 천재는 아니었지만, 질문을 적극적으로 하는 아이였어요. 저는 어릴 때부터 어느 자리에 가든 질문하는 역할을 했습니다.

그런데 질문하는 사람으로 사는 건 피곤한 일이었습니다. 사람들의 시선과 오해를 받아야 했거든요. 때로는 분위기 파악 못 하는 사람, 따지는 사람, 나대기 좋아하는 사람, 버릇없는 사람으로 사람들 입방아에 오르내리더군요. 우리 사회가 질문에 자유롭거나 관대하지 않기 때문인 까닭도 있지만, 생각해 보면 제 탓도 있더라고요. 좀 더 철이 들고 분위기 파악을 하게 되면서 알게 됐어요. 제가 던진 질문이 좋은 질문은 아니었던 거죠. 그냥 그 순간 궁금해서, 말이 하고 싶어서, 툭툭 던진 질문인 경우가 많았습니다.

'좋은 질문은 무엇인가?'라는 고민은 언론인으로 살면서 더 깊어졌습니다. 해당 주제에 대해 공부를 많이 하면 좋은 질문이 나올까 싶어, 취재를 가거나 인터뷰 할 때 공부를 열심히 하고 질문을 던졌습니다. 그런데 공부를 많이 하고 질문을 던지려니 더 용기가 나질 않는 거예요. '이게 맞는 질문인가? 이거 질문했다가 다 아는 내용인데 질문했다고 망신당하면 어쩌지?' 하는 두려움이 생겼습니다. 또한 질문을 가장한 지식 뽐내기가 되는 경우도 있었습니다. 그래서 강의를 듣거나 인터뷰할 때 질문해야겠다는 생각을 아예 버렸어요. 오히려 '내가 더 이상 궁금한 게 없어서 질문을 던질 필요가 없을 정도로 이 사람 말을 하나하나 잘 들어야겠다'는 생각을 했습니다.

그래서 저는 질문을 던지기 전, 제 안에 '경청했는가'라는 체크리스트를 먼저 꺼내봅니다. 내가 지금 궁금해서 묻는 건지, 아니면 말을 걸고 싶어서 그냥 던지는 건 아닌지, 아니면 이미 마음속으로 결론을 정해놓고 그저 대답을 유도하고 싶은 건 아닌지 말이죠.

좋은 질문은 입에서 나오는 게 아니라, 귀에서 자라기 때문입니다. 특히 요즘처럼 검색하면 다 나오는 세상에 '듣는 시간'을 소중히 여기고 경청을 연습하지 않으면, 좋은 질문을 던질 수 없습니다. 경청은 인간만이 가진 능력이니까요. 질문하고, 듣고, 되묻는 이 반복 속에서 우리는 연결되고 성장합니다.

경청이란 상대의 속도로 대화하는 것

질문은 말하는 행위지만 동시에 듣는 행위입니다. 때문에 좋은 질문은 경청의 틈에서 생깁니다. 들어야 질문을 할 수 있거든요. 듣지 않고 질문하게 되면 정말 '자다가 봉창 두들기는 소리'를 하게 되는 경우가 많아요.

국가인권위원회 조사관 최은숙 작가는 각종 억울한 사연을 들고 인권위를 찾아오는 사람들의 이야기를 책《어떤 호소의 말들》에 담았습니다. 최 작가는 처음 이 책의 제목을 '억울할 때 읽는 책'으로 정했지만, 글을 쓸수록 억울함을 예방하기 위해서는 인권에 관한 지식과 정보보다, 타인의 이야기에 귀 기울이는 마음이 더 중요하다는 것을 깨달았다고 밝혔습니다. 이처럼 질의응답으로 모든 조서와 서류를 만드는 기관에서도 가장 중요한 것은 '경청'입니다. 법정 드라마를 봐도 꽉 막힌 상황 속에 변호사가 길을 찾을 때는 질문을 쏟아 낼 때보다 피해자나 피의자의 말을 경청했을 때가 더 많습니다. 의학 드라마에서도 의사가 병의 원인과 치료법을 찾을 때는 환자의 상태에 대해 조용히 듣고 있을 때입니다.

> 경청은 출산을 돕는 산파술일 뿐 아니라 그 자체가 잉태와 출산이기도 하다. 한 사람의 말을 듣는다는 것은 그를 내 자궁에 곡진히 품었다가 새롭게 낳는 일이다.
>
> _박총,《듣기의 말들》중에서

《듣기의 말들》의 저자 박총은 어느 날 탁월한 말을 들려주기보다는 평범한 말을 들어주는 아름다움에 매료됐다고 고백합니다. 평생 '말하다'의 주어로 살았지, '듣다'의 주어가 된 적이 없다는 사실을 깨달았다고 하더군요. 말하기 중독에 빠져서 상대의 말을 자꾸 끊는다는 걸 인정하지 않고서는 듣기의 갱신은 요원하다고 박총은 지적합니다.

들는다는 것은 내 속도가 아닌 상대의 속도로 대화한다는 뜻이며, 내 입장이 아니라 상대의 입장에서 이야기를 진행한다는 뜻입니다. 쉬운 일이 아닙니다. 그래서 경청에도 기술이 필요합니다. 누군가의 이야기를 듣는 방법은 사람마다 다 다릅니다. 학창 시절, 강의를 들으면서 속기 수준으로 필기를 하는 사람이 있고, 핵심 단어를 노트에 자신의 방법대로 적는 사람도 있었습니다. 어떤 이는 필기하지 않고 마음속으로 자신만의 방법으로 마인드맵을 만들기도 합니다. 저는 집중해서 경청하기 어려운 강의나 설교를 들을 때 말하는 사람의 문장을 마음속으로 따라갑니다. 그러다 보면 어느새 이야기 안으로 제가 들어가더라고요. 이렇듯 자신만의 경청하는 방법을 찾으시면 됩니다.

〈진실탐사그룹 셜록〉의 최규화 기자가 "피디님하고 인터뷰를 하고 난 사람은 꼭 피디님 팬이 되더라고요. 그 비법이 정말 궁금해요"라고 물어본 적이 있었습니다. 실제 저는 인터뷰어와 인터뷰이로 만났지만, 팬까지는 몰라도 좋은 관계로 이어지는 경우가 많았어요. 비법을 물어본다면 당연히 '경청'을 꼽을 겁니다. 이런 칭찬을 해준 최규화 기자는 물론 대부분의 인터뷰어는 다 경청을 잘합니다. 그런데 제가 유독 잘하는 것이 하나 더 있습니다. 바로 경청하는 티를 내는 겁니다.

경청한다는 티를 내라

저는 가끔 남편을 혼낼 때가 있습니다. 남편은 분명 딴짓하지 않고 제 말을 듣고는 있는데, 저는 '이 사람이 정말 내 말을 듣고 있는 건가?' 헷갈려서 "당신, 내 말 듣고 있는 거야?"라고 소리를 칠 때가 있습니다. (여러분의 아버님도 어머님께 이런 이유로 혼이 나셨을 겁니다.)

나는 너의 말을 듣고 있다고 경청하는 티를 내는 것은 아주 중요합니다. '저 잘 듣고 있어요'하고 신호를 보내야 합니다. 눈을 마주치고 듣는 것은 기본 중의 기본입니다. 요즘 대화 중에도 손에서 스마트폰을 놓지 않는 분들이 많으신데요. 일단 스마트폰부터 내려놓고 상대의 눈을 바라보세요. 경청의 신호를 보내는 가장 간단하고 확실한 방법입니다.

이야기 중간중간 고개를 끄덕이고 적절한 반응을 하면 좋습니다. 서울다문화교육지원센터 장학사인 제 친구 박에스더는 누구의 말도 잘 들어주는 친구입니다. 에스더의 그런 모습을 닮고 싶어서 그녀를 관찰했더니, "응. 그럴 수도 있지"라는 말을 자주 쓰더라고요. 이 반응은 '내가 너의 말에 동의한다'는 의미는 아닙니다. "내가 너의 말에 동의하는지 여부와 상관없이, 네 입장에서는 그럴 수도 있겠구나. 내가 지금 네 말을 아주 귀 기울여 듣고 있어"라는 정도의 뜻으로, 저는 이 말을 의도적으로 자주 사용합니다. 공감과 동의는 다릅니다. 그러니 상대방 말이 아무리 말도 안 되더라도 '네 말에 죽어도 동의할 수 없다'라는 표정으로 쳐다보지 마시고, "응, 그럴 수도 있지"라고 이야기해 보세요.

저는 누군가의 이야기를 들을 때, 제가 '고수鼓手'라고 여깁니다. 고수는 판소리에서 북을 치는 사람이죠. 고수는 명창에 따라, 소리에 따라 알맞은 추임새를 넣어야 합니다. 어떤 고수를 만나느냐에 따라 명창의 소리가 달라지거든요. 대화 중에 던지는 적당한 감탄사, 이게 바로 고수의 추임새입니다. "그래서 어떻게 됐는데?", "그 사람은 어떻게 한대?"와 같이 질문으로 감탄사를 대신할 수도 있습니다.

저는 최근에 '헐'이라는 감탄사도 자주 씁니다. 이 한 글자가 참 유용해요. 부정적일 때도 긍정적일 때도 사용이 가능하거든요. "그 사람이 결국 범인이었어", "헐". "알고 보니 그 사람이 저 사람을 도와준 것이었더라고", "헐". 주변 분들에게 언제 '헐'이라는 말을 쓰냐고 물어보세요. 제각각 다른 상황에 '헐'을 쓸 겁니다. 그런데도 이 말이 좋은 감탄사인 이유는 상대의 말을 경청하면서 반응을 보일 때 사용하기 때문입니다. 고수로서 자신만의 추임새를 많이 개발하기 바랍니다. 질문을 던지고 난 뒤, 재빨리 포지션을 고수로 바꿔서 다양한 추임새를 많이 한다면 당신은 좋은 경청자입니다.

그런데 추임새도 잘 던져야 합니다. 너무 자주 하면 이야기 흐름이 끊기고 방해가 될 때가 있거든요. 특히 공식적인 회의나 방송, 인터뷰의 경우는 더 주의해야 하는데요. 저도 그런 실수를 한 적이 있습니다. 생방송 라디오 프로그램을 진행할 때였는데요. 초반에는 저도 모르게 "응응", "아", "아하" 등 공감의 표현을 너무 많이 해서 청취자들의 항의를 받은 적도 있습니다. 그때 이후로 저는 '공감 표현은 한 문장 내에 두 번은 하지 않는다'라는 원칙을 세웠어요. 꼭 소리를 내지 않아도 표정으로, 고개 끄덕임으로 이야기의 반응을 보일 수 있으니까요. 행동으로 던지는 추임새랄까요? 이야기 중간중간 상대의 말을 받아적는 것도 경청의 신호를 보내는 방법으로 아주 좋습니다.

언젠가 여행길에 만난 사람과 대화를 나눈 적이 있었습니다. 자신의 살아온 이야기를 신나게 하길래 고개도 끄덕이고 질문도 던지며 이야기를 경청했습니다. 자신만 이야기하는 게 머쓱했는지 제게도 몇 가지 질문을 던지더군요. 그런데 제 답변에 조금이라도 동의하지 않으면, 그는 형식적인 고갯짓은 고사하고 아무런 반응도 보이지 않았습니다. 아주 불쾌했어요. 100분 토론을 하는 것도 아니고 나라의 운명 같은 중차대한 이야기를 나누는 것도 아닌데, 자신의 생각과 다른 답변이라고 대놓고 무반응으로 대응하다니요. 그 사람의 평소 소통 스타일을 훤히 알겠더군요. 당연히 대화는 더 이상 이어지지 않았습니다.

질문을 던지고 난 후, 답변을 듣는 태도는 질문보다 더 중요합니다. 멋진 질문을 던져만 놓고 답변을 잘 듣지 않는다면, 그래서 답변자가 기분이 나빠서 더 이상의 이야기가 진행되지 않는다면, 그 질문은 실패한 겁니다. 눈치채셨겠지만, 저는 말이 굉장히 많은 사람입니다. 말 많은 사람은 어느 모임에 가서도 주목을 받죠. 그러나 주목을 받는다고 모두의 사랑을 받는 건 아닙니다. 때문에 수다쟁이가 좋은 질문자가 되기 위해서 저는 경청하는 티를 팍팍 냅니다. 경청만 해서는 안 됩니다. 경청하는 티를 내야 한다는 것, 꼭 기억하시길 바랍니다.

대화의 물꼬를 트는
역지사지 질문

좋은 질문의 시작은 경청입니다. 그리고 경청하면 필연적으로 가능해지는 일이 있습니다. 바로 역지사지易地思之입니다.

저는 언론인으로 일하며 수많은 뉴스를 전달하고 정말 많은 사람을 인터뷰했습니다. 하지만 모든 사건이 다 이해되거나, 모든 인물이 다 공감 가는 것은 아니었습니다. 그러나 "서는 곳이 바뀌면 풍경이 달라진다"라는 말처럼, 상대방의 시각에서 이해하려고 하면 상대방 편에서 사안을 볼 수 있게 됩니다. 역지사지 후에 던지는 질문은 훨씬 더 유기적이며, 친절할 확률이 큽니다.

질문을 던지는 사람의 마음이 진심이면, 듣는 사람의 마음도 그걸 반드시 알아차립니다. 역지사지 질문은 단순히 답변만 얻는 것이 아니라, 그 사람의 인생 안으로 들어가는 '다리'가 돼줍니다. 그래서 역지사지 질문은 상대방에게 감정적으로 어려운 질문을 할 때 특히 힘을 발휘합니다. 그 사람의 입장과 아픔을 생각하게 되면 단어 하나를 써도 더 고민하게 되고, 목소리 톤, 태도까지도 더 신경 쓰지 않을 수 없거든요.

자식을 잃은 부모와 인터뷰 할 때 더욱 그랬습니다. 《네가 여기에 빛을 몰고 왔다》의 저자이자 고故 이한빛 피디의 어머니, 김혜영 선생님을 인터뷰했습니다. 이한빛 피디는 방송 노동 환경의 열악함과 부조리함을 알리는 유서를 남기고 세상을 떠났습니다. 엄마인 김혜영 선생은 아들의 삶과 죽음의 의미, 그리고 아들을 먼저 보낸 엄마로서의 피끓는 심정을 책으로 엮었습니다. 저는 피디로서 그리고 엄마로서 그 아픔의 크기가 절절하게 느껴져 한빛 엄마, 김혜영 선생님에게 질문하는 일이 너무나 슬프고 어려웠습니다. 너무 아픈 시간을 복기해야 하기에 질문을 던지는 자도 받는 자도 서서히 이야기에 들어가야 합니다. 먼저 방송국으로 오시는 길의 소회를 물었습니다.

"어머니. 상암동에 오시라고 말씀은 드렸지만, 사실 좀 걱정됐어요. 우리 한빛 씨 일하던 회사가 옆에 있고, 여기 상암동이 어머니한테는 또 아픈 장소인데…. 오시는 길은 편안하셨어요?"

다음으로 왜 이 책을 쓰게 되셨는지와 함께 어떤 독자평이 가장 마음에 남느냐고 물었습니다. 김혜영 선생님이 소개해 줄 독자평은 분명 따뜻하고 힘이 되는 내용일 테니까요. 그 내용을 소개하면서 선생님은 안전함을 느끼고, 조금은 편하게 아들의 이야기를 이어가실 수 있을 것이라 생각해 던진 질문이었습니다. 대단한 전략이나 배려로 던진 질문은 아닙니다. 아들을 먼저 보낸 엄마의 감정에 초점을 맞춰보면 누구나 할 수 있는 좋은 질문입니다. 김혜영 선생님은 이렇게 답했습니다.

"'굉장히 슬플 것이라 생각하고 책을 읽었는데, 읽다 보니까 뜻밖에 환하고 깊은 울림을 받았다. 그러니 부모들과 교사들이 이 책을 꼭 읽었으면 좋겠다'라고 말씀하신 분도 있고요. 어떤 분은 사회의 이웃에 관심을 기울이게 되었다고도 했어요. 세상이 더 나아지는 데 힘을 보탤 수 있는 일을 찾고 싶다는 분도 있고. 곁에 있는 사람들과 연대하고 동참하겠다는 의지를 말씀해 주신 독자도 있었습니다. 정말 뜻밖이었어요. 제 책이 힘든 사람들에게 조금이라도 위로가 되고, 이 사회의 한 줄기 빛처럼 작은 희망이라도 갖게 된다면… 하는, 그런 간절한 바람을 갖게 됐죠."

그 다음 질문을 생각합니다. 엄마가 무엇을 원할까, 엄마의 심정으로 추측해 봅니다. 아들이 꿈꾸는 세상을 엄마가 이어서 꿈꾸고 만들어가기 위해 무엇을 하시는지 궁금해졌습니다. 김혜영 선생님 인터뷰를 그대로 옮겨서 이어지는 질문을 보겠습니다.

김혜민 정규직 피디인 저로서는 한빛 씨가 이 세상에 던진 그 문제 앞에 부끄러움밖에 없습니다. 지금 제가 인터뷰를 진행하기가 어려울 정도로 굉장히 부끄럽고, 죄스럽고, '이 문제에 대해 나는 얼마나 고민했나?'라는 생각이 드는데요. 제가 만약 한빛 피디한테 "한빛 씨, 우리 뭐를 바꿀 수 있을까요?"라고 물어본다면, 한빛 피디가 저한테 뭐라고 대답할까요?

김혜영 비정규직 문제도 한빛이가 계속 천착해 왔던 문제이기 때문에, 걔는 그것을 굉장히 강조할 것 같아요. 한빛센터가 지금 집중하는 것은 한 가지거든요. 비정규직과 프리랜서, 일용직 등 모든 방송 노동자가 근로계약서를 체결해서 노동자성을 인정받는 거요. 그게 이제 한빛센터의 목표인데요. 한빛도 그런 고민을 하지 않았을까, 우리 생명이 이윤보다 앞서야 된다는 그런 당연한 사고방식. 그런 가치관을 갖고 있다면 방송 환경도 더 안전하고 행복한 일터가 되고, 그럼 거기서 더 이상 절망하거나 죽는 일은 없지 않을까, 그런 생각이 듭니다.

김혜민 지금도 괴롭고 힘들고 안전에 위협을 받는 청년들이 있어요. 그들에게 어머님께서 한 말씀을 하신다면, 무슨 말씀하시겠어요?

김혜영 지금 사회적 참사로 청년들이 자꾸 죽어가고 있거든요. 그런데 이게 남의 일이라고 생각해서 이렇게 되는 것 같아요. 저도 사실 제 아들이 죽을 줄 몰랐고, 나와 가족만 열심히 살면, 행복하게 살면 된다고 여겼었거든요. 그런데 언제든 누구한테나 닥칠 수 있는 일이기 때문에, 한빛이가 말했던 것처럼 사회구조가 바뀌지 않는 한 나와 내 가족의 일이 될 수가 있어요. 그래서 저는 청년들에게 이런 일들을 내 일처럼 생각해서 귀를 기울이고, 서로 옆 사람이 무슨 생각을 하고 무슨 고민을 하나 좀 바라봐 주고, 손 내밀어 주고, 손잡아 주고, 서로 업고 업히고, 기대고, 등 내주고 하는 그런 마음이 필요하다고 말해주고 싶어요. 다시 말해서 연대라고 할까요. 연대가 없다면 매일 7~8명이 퇴근하지 못하는 현실은 절대로 바뀔 수 없다는 생각이 들어요. 착하고 평범하고 선하게 살려는 사람이 살 수 없는 사회는 비정상적인 거거든요. 그래서 비정상적인 사회를 정상적인 사회로 만들기 위해서 청년들이 연대해서 옆 사람의 손을 잡는 것, 그게 제일 중요하다고 생각해요.

_〈YTN라디오 김혜민의 이슈&피플〉, 김혜영 인터뷰 중에서

아무리 말이 안 나오는 기막힌 상황 속에 있는 사람도 자신의 이야기를 하고 싶어 합니다. 그럴 때 역지사지의 질문은 말의 물꼬를 터줍니다. 그리고 말의 물꼬가 회복의 시작이 될 수 있습니다.

고 김용균의 어머니 김미숙 씨와의 인터뷰도 기억에 남습니다. 유족에게 가장 힘든 질문이 "요즘 어떻게 지내고 계세요?"입니다. 이때 유족의 입장에 서서 그들의 마음을 담은 말 한마디가 어려운 질문을 좋은 질문으로 바꿀 수 있습니다.

"저도 아이 둘의 엄마예요. 그래서 사실 이 자리에서 어머니하고 어떤 이야기를 해야 하나, 그냥 붙잡고 울고 싶은 마음뿐인데요. 용균 엄마로 그냥 평범한 삶을 살았는데, 용균 씨의 안타까운 죽음으로 김용균재단의 대표가 되셨어요. 어느 언론에서는 어머님을 '시대의 증언자'라고 부르던데… 삶이 완전히 바뀌었잖아요? 어떻게 살아내고 계세요?"

저는 엄마로서 그녀의 마음을 먼저 공감했습니다. 그리고 '살아내고 있다'라는 표현으로 안부를 물었습니다. 유족들은 간신히 살아내고 있으니까요. 첫 질문 이후에는 용균 씨 어머니가 아닌 김용균재단 대표로 호칭을 바꿨습니다.

김혜민   다음 질문부터는 김용균재단의 대표님으로 호칭하고 여쭙겠습니다. 물론 어머니는 용균 엄마가 제일 좋으시지만, 어머님이 김용균재단을 만드셨고, "김용균재단은 단지 사람을 기리는 재단이 아니다. 연대하고 행동하겠다"라고 말씀을 하셨기 때문에, 제가 대표님이라고 호칭하겠습니다. 김용균재단은 어떤 일을 하는 곳입니까?

_〈YTN라디오 생생경제〉, 김미숙 인터뷰 중에서

청취자는 제가 호칭을 바꾼 것에 대해 아들의 죽음을 겪은 어머니의 아픔과 그 이후의 활동을 진심으로 이해하고자 하는 노력이 돋보인다고 평가했습니다.

공감만 잘해도 된다

역지사지 질문을 연습하다 보면 공감 능력이 향상됩니다. 선 공감, 후 질문은 아주 좋은 기술인데요. 사실 대화 중에 공감만 잘하면, 질문을 몇 개 던지지 않아도 대화는 깊게 이어질 수 있습니다.

자신의 감정과 생각을 아직 언어로 잘 표현하지 못하는 아이와

질 좋은 대화를 하기란 쉽지 않습니다. 이때 어떤 질문을 어떻게 던지느냐가 중요한데요. 예를 들어, "엄마. 나 오늘 학교에서 친구와 싸웠어요"라고 툭 던진 말에 엄마가 흥분해서 "왜?" "누구랑?" "어쩌다가?" "어떻게?" "그래서 때렸어? 맞았어?" "선생님께 말씀드렸어?" 등 끊임없는 질문을 쏟아 내면 아이는 격양된 엄마의 반응 때문에 제대로 된 답을 하지 못하게 됩니다. 문제 해결에 전혀 도움이 안 되는 거죠. 이럴 때 질문보다 먼저 공감이 필요합니다.

"엄마. 나 오늘 학교에서 친구와 싸웠어요."

"세상에."

실제 제가 자주 쓰는 감탄사입니다. 슬픈 이야기나 기쁜 이야기나, 어떤 사연이더라도 듣고 난 뒤 "세상에"를 붙이면 적극적인 공감의 표현이 됩니다. 이런 감탄사를 잘 쓰는 사람은 대화에 능한 사람일 가능성이 큽니다. 공감은 내가 당신의 말을 경청하고 있다는 가장 강력한 신호니까요.

"우리 연우 너무 속상했겠다. 마음은 괜찮아?"

마음을 물어본다는 것은 내가 너의 말에 경청하겠다는 신호입니다. 아이가 친구와 싸웠다면 문제 해결보다는 아이의 감정을 돌보는 것이 더 우선이겠죠. 이 질문으로 대화를 시작한다면 아이도 차분하게 자신이 겪은 일과 상황을 이야기할 수 있게 됩니다.

직장생활에서도 마찬가집니다. 일을 잘 못한 후배를 훈계할 때 왜 이렇게 일을 처리했는지 이유를 묻기보다는 화를 먼저 내기 쉽습니다. 업무가 익숙한 상사는 이 일을 왜 이런 식으로, 이렇게밖에 못했는지 이유를 물어볼 필요가 없거든요. 그런데요. 누구에게나 처음이 있잖아요. 생각해 보면, 내가 신입사원 때도 실수를 할 수밖에 없었던 당위와 논리가 있었잖아요. 회사가 동아리도 아니고, 다 큰 성인에게 마음까진 물어보지 않아도 됩니다. 하지만 혼내기 전에 그 이유는 먼저 물어봐 주세요. 왜 이렇게 일을 처리했는지, 이유가 있었는지요. 질문에 답하면서 신입직원은 본인의 실수를 깨달을 것이고, 이유를 물어봐 준 선배에게 고마운 마음이 들게 됩니다. 그리고 앞으로 실수나 잘못을 하더라도, 숨기거나 인정하지 않는 비겁한 사람은 되지 않을 겁니다.

한 가지 주의할 점이 있습니다. 마음과 이유를 물어보는 질문을 먼저 던진다고 늘 좋은 결과만 낳는 건 아닙니다. 몇 년 전, 제가 제작하는 프로그램의 진행자가 제가 방송에서 하지 말라는 특정 질문을 계속 한 적이 있었습니다. 프로그램의 피디로서 여러 번 정중하게 부탁했고, 방송 직전에도 다시 한번 부탁했지만, 그는 여전히 제 말을 무시하고 생방송 중에 그 질문을 던졌습니다. 저는 화가 머리끝까지 났지만, 생방송 중에는 티를 내지 않았습니다. 왜 그랬냐고 묻는 것보다, 방송을 잘 마치는 것이 더 중요하니까요. '내가 이렇게까지 부탁했는데도 저 질문을 던졌다면 이유가 있겠지'라고 생각하며, 화내기 전에 이유를 물어야겠다고 스스로 마음을 진정시켰어요. 방송을 마친 후 그에게 물었습니다.

"제가 그렇게까지 부탁을 드렸는데 왜 또 그 질문을 던지셨어요?"

화를 누르고 나름 예의있게 물었습니다. 그런데 그 사람의 반응이 가관이었습니다. 오히려 저에게 화를 내고 욕을 하더니 나가버렸습니다. 후에 전해 들은 이야기로는, 차라리 제가 화를 내고 비난하면 화가 덜 났을 텐데 이유를 묻는 질문이 더 자신을 수치스럽게 만들었다고 했다더군요. 제가 틀린 걸까요? 아니요. 그가 틀린 겁니다.

이렇게 질문을 질문이 아닌 공격으로 받아들이는 '꼰대'는 어디에나 있습니다. 상대를 생각해서 공감하고 마음을 물어주는 좋은 질문을 던진다고 모두가 다 받아들이는 건 아닙니다. 그렇지만 저는 이 일을 통해 다시 한번 배웠습니다. 나는 상대를 배려하고자 질문했지만, 상대가 받아들이는 방식은 또 다른 차원의 문제라는 걸 말이죠. 아무리 좋은 의도로 꺼낸다 해도, 질문이란 결국 상대의 자리에서 수용될 때 진짜 '좋은 질문'이 되는 법이니까요.

모든 질문에는 '관계'가 전제됩니다. 관계가 어긋난 상태에서 아무리 예의를 갖춰 질문해도, 그 질문은 칼처럼 날카롭게 느껴질 수 있습니다. 역지사지 질문을 던질 때 그 질문을 받아들일 상대의 마음 상태, 그리고 관계의 거리도 살핀다면 더 좋은 역지사지 질문을 던질 수 있을 것입니다.

역지사지 질문은
모두를 이롭게 한다

　　　　　　　종종 강연자로 설 기회가 있습니다. 강연을 준비하면서 저는 참석하시는 분들의 연령대, 직업, 성별, 관심사 등을 주최 측에 자세히 물어봅니다. 그리고 청중이 많든 적든 강연 초반에 꼭 "왜 이 강연에 오셨나요?", "어떤 질문을 가지고 이곳에 오셨나요?"라는 질문을 꼭 던집니다. 강의를 들으러 오신 분들이 어떤 목적을 가지고 왔는지 알면, 좀 더 섬세하게 강연을 할 수 있기 때문입니다.

　당연하게도, 청중이 가지고 오는 질문은 강연 주제에 따라 다 다릅니다. 제 책《지금보다 괜찮은 어른》과 관련된 강연에 오신 분들의 질문은 "어른이란 누굴까? 나는 어떻게 괜찮은 어른이 될 수 있을까? 왜 괜찮은 어른은 없을까?" 등 자신의 존재와 가치에 대한 것이었습니다. 반면, 라디오 피디 지망생들이나 글쓰기, 콘텐츠 제작과 관련된 강연에 오신 분들의 질문은 "무엇이 좋은 콘텐츠일까? 어떻게 하면 좋은 제작자가 될 수 있을까?" 등 기능에 관한 질문입니다.

그렇기에 강연자인 저 역시 강연 준비가 달라집니다. 전자의 강연은 내가 어떤 사람인지, 나의 being에 대해 고민하며 강연을 준비하고, 후자의 강연은 피디, 작가로서 나의 doing에 대한 내용을 담아 강의합니다. 강연은 나의 관점을 소개하는 자리이기도 하지만 소통과 공감이 기본인 행위입니다. 그러니 상대가 어떤 질문을 던질까 상상해 보는 역지사지 질문법이 필요합니다.

아무도 묻지 않지만, 모두가 궁금해하는 것

역지사지 질문은 다양한 기획을 하게 하고, 새로운 일들을 시작하게 합니다. 저는 동네 엄마들과 〈사유하고 연대하는〉이라는 모임을 만들어 한 달에 한 번, 부모 교육 강의를 열고 있습니다. 꾸준히 하다 보니 벌써 1년이 넘었네요. 동네 작은 카페를 빌려 공간을 마련하고, 아이를 키우는데 꼭 알아야 할 것에 대해 부모들이 함께 공부합니다. 이 모임은 저의 질문에서 시작됐습니다.

"세계에서 제일 우울한 나라 대한민국. 근본 원인은 경쟁교육이다. 그런데 왜 부모들은 여전히 자녀들을 경쟁교육 안에 넣는 걸까? 대안은 없을까? 내가 할 수 있는 일은 없을까?"

동네 엄마들에게 물었습니다. "이대로 아이 키울 거야? 이게 맞다고 생각해?" 이 질문에 엄마들 백이면 백 같은 대답을 했습니다. "아니. 잘못됐지. 우리 아이들도 우리처럼 불행하면 어떡해." 그러나 문제의식은 같았지만, 결론은 다 달랐습니다. "그럼 나도 좀 바꿔 볼까?"라고 답한 엄마들과 "그래도 어쩌겠어. 세상이 이런 데. 그래도 뒤처지게 키울 수는 없잖아"라는 엄마들로 나뉘었습니다.

저는 더 이상 이렇게 세상에 끌려다니며 아이를 키우면 안 되겠다는 문제의식이 생겼습니다. 그리고 '내가 독립운동은 못했어도 반복되는 이 저주는 끊어내야겠다'라는 사명이 생기더군요. 우리는 여전히 획일적인 학교문화, 주입식 교육, 경쟁과 생존을 강조하는 시스템 안에서 아이들을 키울 수밖에 없는 현실입니다. 거대한 제도와 시스템을 개인이 부술 수 없죠. 하지만 가정에서라도 부모가 자녀들에게 상생, 공감, 연대, 소수자들을 향한 환대 등을 가르친다면 야만적인 지금의 대한민국도 바뀌지 않을까 하는 희망이 싹텄습니다.

제 안에 싹튼 질문 한 개가 문제의식과 사명을 갖게 했고 희망도 심어줬습니다. 자, 이제 무언가 해야죠. 행동해야 할 때입니다. 이때 바로 필요한 것이 역지사지 질문입니다. "그렇다면, 나와 같은 질문을 가진 학부모들은 무엇을 원할까?" 그래서 저는 그들이 원하는 정보, 가치에 대해 이야기해 줄 강의를 기획하고 연사를 섭외했습니다.

2024년 12월, 서울대 소아청소년정신과 김재원 교수의 〈불안한 아이, 불안한 엄마〉로 첫 강연을 시작했습니다. 엄마가 아이를 세상 기준에서 뒤처지지 않는 아이로 키우려는 이유의 기저는 바로 불안이거든요. 요즘 엄마들은 정말 불안감이 가득합니다. 엄마들뿐 아니라 현대인 대부분이 주로 갖고 있는 감정이 불안이기도 하지요. 이 불안감을 다스리는 것이 야만적인 경쟁교육을 끊어내는 시작이라 생각해서 이 강의를 준비했습니다. 김 교수님의 강의를 잘 들은 후 질의응답을 진행했는데요. 대부분 강의가 그렇듯 질의응답을 시작하는 질문은 아무도 하지 않습니다. 이럴 때 이야기의 시작을 열 수 있는 질문을 던지는 사람이 된다면 좋겠죠?

이 사람들이
무얼 궁금해할까?

질의응답의 포문을 열 수 있는 질문을 하기 위해 '저 사람은 무엇이 궁금해서 이 자리에 왔을까? 저 사람에게 지금 필요한 정보는 무엇일까?'를 고려해야 합니다. 〈불안한 아이, 불안한 엄마〉라는 주제에 마음이 끌려 여기까지 온 엄마들은 어떤 사람들일까요? 아마도 자녀의 기질은 물론이며 본인의 불안도도 높은 엄마일 것입니다. 혹은 엄마의 불안도는 낮지만 아이의 높은 불안 기질 때문에 양육이 버거운 사람들입니다. 이렇게 이 자리에 온 사람들의 특징을 파악하게 되면, 그들이 무얼 원하는지도 금방 깨달을 수 있습니다. 전자 쪽 엄마들은 '내 아이는 나처럼 불안도 높은 사람이 아닌 안정적인 사람으로 키우고 싶다'는 열망이 있을 것이고, 후자에 속한 엄마는 '아이의 기질을 어떻게 긍정적인 방향으로 양육할 수 있을까?'라는 질문이 있을 것입니다. 이렇게 역지사지를 하고 나면 무얼 물어야 할지가 생각납니다. 그래서 저는 이런 질문들을 던졌습니다.

"양육 시 엄마와 아이의 기질이 같을 때의 장단점, 다를 때의 장단점이 무엇일까요?"

"아이가 불안해할 때 어디까지 감정과 행동을 허용해 줘야 하나요?"

"아이가 정신과 진료를 받아야 할 때의 기준이 있을까요?"

"놀이치료 같은 상담센터와 정신과 병원 중 어딜 가야 할까요?"

거기 모인 아이와 엄마들의 자세한 상황은 각자 다르지만, 이 질문들은 이 자리에 앉아 있는 사람이라면 한 번쯤 가져봤을 질문입니다. 궁금했던 질문을 누군가 대신 던져주면 얼마나 고맙겠어요? 이런 질문이 좋은 질문입니다.

질문을 던진 후 사람들의 반응을 보면 알 수 있습니다. '아, 저 사람도 이게 궁금했구나. 그럼 저 사람 상황도 나와 비슷하겠지'라고 추측합니다. 이후에는 자신의 이야기를 쉽사리 하지 못했던 사람들도 조금은 편하게 사연을 털어놓을 수 있습니다. 이 공간에 있는 사람들이 비슷한 고민을 하고 있으며, 안전하다는 것을 확신하게 됐으니까요. 실제 제가 질문을 던진 후, 정말 많은 엄마들이 엄마로서의 불안감을 토로했습니다. 다른 곳에선 공개하기 어려웠던 자신과 아이의 내밀한 이야기까지 털어놓았습니다.

이처럼 내가 궁금해하는 내용도 중요하지만, 이 자리에 있는 사람들이 무엇을 궁금해할지 생각하는 것도 좋은 질문 습관입니다. 그렇게 대단하고 똑똑한 질문이 아니어도 괜찮아요. 제가 제작과 진행을 맡았던 〈YTN라디오 생생경제〉는 경제를 알지 못하는 '경알못'이 진행하는 콘셉트의 경제 프로그램이었습니다. 경제 프로그램이라고 하면 어렵고 전문적일 거라고 생각합니다. 하지만 사실 경제라는 건 우리의 먹고사는 이야기인데, 굳이 어렵고 전문적일 필요가 있을까라는 질문에 대한 답으로 만든 프로그램입니다. 그러니 제가 앵커로서 전문가에게 던지는 질문은 굉장히 쉽고 일상적이었습니다. 잘 모르는 경제 용어와 주제를 들으며 아는 척해야 했던 청취자들은 경알못 앵커가 던지는 질문에 카타르시스를 느끼며 좋아했습니다.

어렵고 힘든 강의를 들었을 때, 혹은 상사가 난해한 말로 불확실한 지시를 내릴 때 두려워하지 말고 질문을 던져보세요. "그 질문 해줘서 정말 고마웠어. 나도 궁금했는데 왠지 부끄러워서 못 하고 있었거든"이라고 인사를 건네는 사람이 나타날 겁니다.

"이들이 무엇을 원할까?"라는 질문에서 "그렇다면 나는 무엇을 할 수 있을까?"로 질문을 확장하면 좋은 질문을 할 수 있습니다. 상대의 이야기를 경청하면 말 너머의 것이 보이고, 나뿐 아니라 모두가 궁금할 만한 질문이 떠오르게 됩니다. 구체적인 상황과 대상을 상상하며 질문하세요. 상대의 감정과 경험을 구체적으로 파악할수록 더 의미 있는 질문이 가능합니다. 그렇게 던진 좋은 질문 한 개가 그 자리에 모인 사람들을 하나로 만드는 마법을 부릴 수 있습니다. 역지사지로 던진 질문은 단지 정보를 끌어내기 위한 도구가 아니라, 공동체의 언어를 만들고, 서로를 연결시키는 다리가 됩니다. 그리고 때론 그 질문 하나가 누군가에겐 '처음으로 목소리를 내는 용기'가 되어주기도 합니다.

형식과 내용도
중요하다

친구 중에 그런 친구들 있죠? 신나게 이야기하고 있는데 이야기 흐름을 뚝뚝 끊고 물어보는 친구 말이에요. 조금만 더 들어보면 뒤에 관련 내용이 나오는데 그 순간을 못 참고 이야기를 가로채며 질문을 단편적으로 막 던져요. 예를 들면, 나는 16부작 드라마 정도의 스토리를 계획하고 한창 이야기하고 있는데, 상대는 본인 마음대로 3분 콩트 정도로 이야기를 축약한 질문을 해서 흐름을 끊는 겁니다.

한두 번은 참을 수 있죠. 그런데 이것도 말하는 습관이더라고요. 이야기를 하는 사람은 나름대로 흐름을 가지고 대화를 진행하고 있는데, 흐름을 느끼며 듣기보단 일부만 듣고는 당장 궁금한 것을 묻는 것으로 대화를 방해합니다. 그나마 대화의 흐름에서 벗어나지 않는 질문은 참을 수 있습니다. 16부작 드라마를 3분 콩트로 축약해서 질문을 던지는 정도가 아니라 아예 장르를 바꿔버리는 질문, 내가 하는 이야기와 전혀 상관없는 질문들을 의식의 흐름대로 아무 생각 없이 던지는 경우도 있습니다.

저도 그런 경험이 많습니다. 질문을 잘 하겠다는 마음은 알겠는데, 상대의 서사를 자르며 던지는 질문은 결국 '듣지 않았다'는 신호로 느껴지더라고요. 이런 질문은 좋은 질문이 아닙니다. 질문은 궁금한 것을 아무 생각 없이 그냥 툭 던지는 카드가 아니에요. 그런 질문은 질문자가 얼마나 단순하고 즉흥적인지 보여줄 줄 뿐입니다. 한 개의 질문을 던진다면 창을 뚫는 검과 같이 촌철살인이면 가장 좋고요. 여러 개의 질문을 던진다면 질문의 기승전결이 있어야 합니다. 그러기 위해, 질문을 디자인하는 과정을 꼭 가져야 합니다. 형식과 내용 모두에서요.

기억할 것,
질문은 질문이다

먼저 질문의 본질을 생각해 볼까요? 질문은 질문입니다. 질문은 자신의 지식을 자랑하는 수단이 아닙니다. 아주 당연한 명제지만, 너무 당연하기에 중요하게 생각하지 않는 경우도 있습니다.

'질문은 질문이다'를 잊은 몇 가지 사례를 들어보겠습니다. 분명 궁금해서 질문을 던진다고 하면서, 자신이 이 분야에 대해 얼마나 많이 알고 있는지를 자랑하는 분들이 있습니다. 혹은 질문을 가장한 강의를 하는 분도 있습니다. 한번은 프로그램 제작 방법에 대해 강의한 적이 있었는데요. 질문이 있다고 하신 분이 본인도 그런 비슷한 프로그램을 제작해 봤다며 자신의 성과를 10분간 늘어놓더군요. 혹은 자신의 지나온 삶을 장황하게 이야기하는 경우도 있습니다. 치매 부모를 돌볼 때 이용할 수 있는 정부 서비스 강의를 듣던 중이었는데요. 질문이 있다고 하시곤 5년 동안 치매 부모를 돌봤던 한풀이를 늘어놓는 겁니다. 결국 하고자 했던 질문은 잊어버렸습니다. 그 자리에 오신 분들의 상황과 심정이 비슷하기 때문에 공감이 되니 그렇게 나쁜 시간만은 아닐 수 있지만, 어떤 분에게는 누군가의 응어리진 사연을 듣기에 시간과 마음의 여유가 없을 수도 있습니다. 정말 정보가 필요해서 왔는데, 질문 시간에 자신의 이야기를 하는 사람이 좋게 보일 리 없지요.

특히 전문가들이 모여 회의하는 자리에서 이런 식의 질문은 정말 하지 말아야 합니다. '학생들에게 SNS 관련 지침과 교육을 어떻게 해야 할까?'라는 주제로 교사들이 모여 회의를 합니다. 그곳에 모인 교사들은 훈련된 전문가들이죠. SNS라는 새로운 문화에 맞는 교육에 관한 질문만 하면 되는 겁니다. 그런데 그곳에서 SNS가 어떻게 해악을 끼치는지를 새삼 다시 설명하고, 교육학 개론과 같은 기본적인 내용으로 질문을 가장한 강의를 한다고 생각해 보세요. 그 자리에 있는 그 누구에게도 결코 도움 되지 않는 질문일 것입니다.

세계적으로 유명한 자기계발 코치인 토니 로빈스는 "나쁜 질문을 하면 나쁜 답을 얻고, 나쁜 삶을 살게 된다"라고 말했습니다. 질문의 본질에 집중하십시오. 질문은 질문입니다. 이 점을 명심하면 질문을 디자인할 수 있고, 분명 좋은 질문으로 이어집니다.

동의하지 않더라도
비난하지 않는다

 질문에 상대방에 대한 비난을 담는 경우도 있습니다. 물론 상대방의 생각에 동의하지 않더라도 궁금한 점에 대해 질문할 수 있습니다. 그것은 질문의 기능이죠. 그러나 질문 자체를 비난의 용도로 사용해서는 안 됩니다. 이런 질문을 자주 볼 수 있는 곳, 바로 정치권입니다. 뉴스나 청문회를 볼 때 가슴이 답답해진 경험 있으시지요? 청문회의 질문들이 청문회 당사자가 해당 업무를 잘 수행할 수 있는지 적합성을 묻거나 후보자의 정책을 검증하는 내용인 경우는 아주 드뭅니다. 질문자인 청문위원들은 자신이 이 질문을 하기까지 본인이 얼마나 많은 조사와 수고를 했는지를 한창 자랑하다가 갑자기 후보자를 혼내죠. 그러다 질문 시간이 다 돼 정작 아무것도 묻지 못하고 끝나게 됩니다.
 저도 질문을 가장한 비난을 받아본 적이 있습니다. 책 출간 후 한창 인터뷰를 많이 할 때입니다. 한 독자가 "책에 드라마 예시가 많던데, 뭐 그래서 이해가 쉽긴 했지만… 바쁘시다면서 드라마는 꼭 챙겨보시나 봐요?"라고 질문했습니다. 비꼬는 말투는 물론이며 질문 내용 역시 기분이 묘하게 나쁘더라고요. 책에 드라마 예시가 많아서 이해가 쉽다는 말이 책의 내용이 가볍다는 것처럼도 들렸고, 무슨 작가, 피디라는 사람이 그렇게 드라마를 많이 보냐는 말로 들리기도 했습니다.

"네. 드라마도 많이 보고 책도 많이 봅니다. (이빨 꽉 깨물고 웃음) 김영란 전 대법관님은 드라마를 많이 보셨다고 하더라고요. 판사로서 다양한 사연을 재판해야 하는데 대부분 상상도 못 한 삶이어서 경험해 보지 못한 사람들의 삶을 알기 위해 드라마를 보며 공부하신답니다. 저도 각계각층의 사람들을 인터뷰하고 삶을 조명하는데, 간접적이라도 이들의 생을 알아야 하니까 드라마 보는 일이 많은 도움이 됩니다."

이 답변으로 저는 김영란 대법관 레벨이 된 거죠. 단지 킬링타임을 위한 드라마 시청 취미가 아니라, 나는 사람과 인문학 공부를 위해 드라마를 시청하는 거라고 말할 수도 있게 됐고요. 책에 쓴 드라마 예시가 절대 가볍게 쓴 것이 아님을 강조할 수도 있었습니다. 나중엔 저 질문을 던져준 사람이 고맙기까지 하더라고요. 하지만 만약 이 사람이 이렇게 질문을 던졌다면 어땠을까요?

"작가님 책은 다른 책들보다 잘 읽히더군요. 아마도 드라마 예시가 많아서인 것 같습니다. 드라마에서 나온 작가님의 통찰이 참 좋았거든요. 평소 드라마를 볼 때 글의 소재를 어떻게 끄집어내는지 궁금합니다. 아, 그리고 바쁘신데 드라마를 어떻게 보시는지 시간 관리 비법도 알고 싶어요."

만약 그분이 이렇게 질문을 했다면 저는 분명 '이렇게 좋은 질문을 해줘서 고맙다'며 감탄했을 것입니다. 드라마를 많이 보는 작가라는 팩트는 똑같지만, 저는 단지 드라마만 많이 보는 작가가 아닌 드라마를 통해 글의 소재를 끄집어내고 삶의 통찰을 얻어내는 작가가 된 거니까요. 이어서 시간 관리 비법까지 물어보다니, 일타쌍피가 바로 이것입니다.

질문을 던지기 전에 항상 스스로에게 먼저 "내가 이 질문을 던지려는 이유는 뭘까?" 이렇게 물어보세요. 단순히 내 궁금증을 풀기 위함인지, 아니면 상대를 난처하게 만들려는 건 아닌지 말이에요. 아무리 질문이란 형식으로 가장했더라도 누군가를 비난하거나, 자신을 자랑하려는 의도라면 들통이 나기 마련입니다. 질문은 단순히 나의 지적 수준만을 나타내는 것이 아니라, 내가 어떤 태도로 사람을 대하고 있는가가 드러난다는 것을 잊지 마세요.

질문의 3원칙

> 무엇보다 말 속에 듣는 사람을 위하는 마음이 있어야 한다. 듣는 사람을 아끼는 마음이 담겨 있어야 한다. 내 말이 도움이 되었으면 하는 간절함이 있어야 한다. 도움이 되기 위해 말을 열심히 준비할 뿐 아니라 그것을 잘 전달하기 위해 최선을 다해야 한다. 결국 얼마나 공을 들이고 정성을 기울이느냐가 관건인데, 말이 쉽지 아무나 할 수 없는 일이다.
>
> _강원국, 《강원국의 어른답게 말합니다》 중에서

책 《강원국의 어른답게 말합니다》에서 강원국 작가는 어른답게 말하는 방법, 태도에 대해 이야기합니다. 이 책에서 말하는 '어른다운 말'은 '좋은 질문'으로 바꿔도 됩니다. 질문에는 무엇보다 질문을 받는 사람을 아끼는 마음이 담겨 있어야 합니다. 전혀 모르는 사람에게 질문을 던질 때도 마찬가지죠. 학문과 지식을 전해준 강사라면 그것에 대한 감사한 마음과 존중을 담아, 혹시 어려운 일을 당한 사람에게 어렵지만 꼭 해야 하는 질문이 있다면 더더욱 아끼는 마음과 내 질문이 도움이 됐으면 하는 간절함을 담아 질문해야 합니다. 이것이 바로 태도입니다.

인터뷰 방송을 듣다 보면 진행자가 던지는 질문이 인터뷰이의 말을 전혀 듣지 않고 질문지에 적힌 질문을 그냥 하는 질문인지, 아니면 경청하면서 흐름에 맞게 던지는 질문인지 금방 알 수 있습니다. 아무리 좋은 질문이 사전에 준비됐더라도 듣지 않고 하는 질문, 인터뷰이에 대해 알고 싶은 간절함이 담기지 않는 질문은 화려한 말 잔치에 불과합니다.

질문에서 태도는 굉장히 중요합니다. 심지어 저는 질문의 태도가 질문의 내용보다 훨씬 더 중요하다고 생각합니다. 최고의 방송 게스트로 평가받는 유시민 씨는 예능, 정치평론, 선거방송 등 프로그램에 맞는 톤과 이야기보따리를 기가 막히게 풀어놓습니다. 제작진들에게나 시청자들에게 사랑받는 화자죠. 하지만 그가 처음부터 그러했던 건 아닙니다. 정치인으로 살았을 때 그의 화법은 대단히 공격적이고 날카로웠습니다. 누군가는 이런 평가를 했습니다. "저렇게 맞는 말을 저렇게 싸가지 없게 하는 건 처음 본다."

그랬던 그가 한 유튜브 방송에 나와 이런 말을 했습니다. 예전에 자신은 정말 형편없는 스피커였다며, 다시 예전으로 돌아간다면 다음과 같은 원칙을 가지고 말을 해야겠다고요.

첫째, 옳은 말인가.
둘째, 지금 꼭 필요한 말인가.
셋째, 친절한 말인가.

이 말의 원출처는 《위대한 사상가 케빈 켈리의 현실적인 인생 조언》입니다.

> 한 현자가 말했다. 말하기 전에 세 개의 관문을 거쳐라. 첫 번째 관문에서 "이 말이 사실인가?" 자문하라. 두 번째 관문에서 "필요한 말인가?" 자문하라. 세 번째 관문에서 "친절한 말인가?" 자문하라.
> _케빈 켈리, 《위대한 사상가 케빈 켈리의 현실적인 인생 조언》 중에서

이 원칙을 질문에도 적용해 볼까요?

옳은 질문인가

첫 번째 원칙, 이 질문이 옳은 질문인가는 그렇게 중요하진 않습니다. 좋은 질문, 나쁜 질문은 있어도 원칙적으로 옳은 질문, 그른 질문은 없습니다. (나쁜 질문에 대해서는 마지막 파트에서 다뤄 보겠습니다.) 질문은 옳은 길을 찾아가는 행위이자 문이니, 옳은 질문이 아닐 수도 있으니까요. "옳지 않은 질문이란 없다." 이 명제는 질문하는 사람으로 살아가는데 있어서 굉장히 중요합니다. 감정도 옳지 않은 감정은 없습니다. 누군가를 격렬하게 미워하는 마음도, 죽이고 싶을 정도로 차오르는 분노도 표출하거나 악행으로 이어지지 않는다면 잘못된 것이 아닙니다. 부정적인 감정 자체를 부인해버리면 오히려 감정을 건강하게 처리하고 표현할 수 없습니다. 이처럼 내 질문이 옳지 않은가 하는 생각은 자기검열로 이어집니다. 질문자의 태도만 잘 갖춘다면 수용되지 않을 질문은 없습니다.

질문을 받는 사람도 '옳지 않은 질문이란 없다'라는 관점을 가지고 질문을 들어야 합니다. 저도 강연을 나갈 때 가끔 제 입장에서

얼토당토않은 내용의 질문을 받을 때가 있습니다. 그럴 때 '이 질문은 옳지 않아'라고 속단하지 않고, '그럴 수도 있지. 저 사람 입장에서는 이게 궁금할 수 있지' 하며 일단 숨을 한번 쉬고 나면, 틀린 질문은 아니더라고요. 오히려 질문한 분이 질문을 던진 맥락과 이유를 이해하려고 역으로 제가 질문을 던지기도 합니다. 그러면 왜 그런 질문을 던졌는지 이유를 대부분 알 수 있게 되더군요.

드라마 〈돌풍〉에서 빌런을 연기한 김희애 씨가 인터뷰에서 이런 말을 했던 것이 기억납니다. "처음 대본을 읽을 때는 제가 맡은 이 여자의 행동이 이해가 가지 않았는데, 드라마를 찍으면서, 이 인물에 몰입하면서 이 사람이 이런 괴물이 될 수밖에 없었던 이유를 알겠더군요." 김희애 씨뿐 아니라 악역을 맡았던 여러 배우들이 비슷한 이야기를 합니다. 배우는 캐릭터 인생의 옳고 그름을 판단하는 게 아니라, 캐릭터를 온전히 표현하기 위해 수많은 질문을 던지며 이해해 갑니다. 그 인물의 서사 안에는 그런 행동과 삶이 옳으니까요. 누군가 내게 던진 질문이 이해가 안 가면 질문을 던진 사람을 이해하려고 해보세요. 그러면 옳지 않은 질문은 없을 겁니다.

지금 꼭 필요한 질문인가

두 번째 원칙, 질문도 적절한 타이밍이 중요합니다. 패션에서는 T.P.O가 중요하다고 하지요. T는 시간^{time}, P는 장소^{place}, O는 상황^{occasion}입니다. 아무리 화려하고 멋진 명품 옷을 입었다고 해도 T.P.O를 고려하지 않는다면 아무 쓸모가 없습니다. 질문도 마찬가지입니다. 캐주얼웨어와 오피스웨어, 스윔웨어를 때와 장소와 상황에 맞게 입어야 하는 것처럼, 아무리 수준이 높고 멋진 질문도 때와 상황에 맞지 않는다면 절대 좋은 질문이 될 수 없습니다. 상황에 맞지 않는 말이나 행동을 하는 사람을 보며 주책없다고 하잖아요. 칼을 갈고 준비한 질문이지만 타이밍을 잘못 맞춘 바람에 한순간에 푼수로 전락할 수도 있습니다.

  배우 손예진 씨가 출산 후 첫 영화 제작발표회에 섰을 때입니다. 엄마로서가 아닌 배우로서 오랜만에 선 공식 무대이니 얼마나 하고 싶은 이야기가 많았을까요. 그런데 그 자리에서 현빈의 어떤 점을 보고 결혼하기로 결심했냐는 질문을 던진 기자가 있었습니다. 결혼을 한지 몇 해가 지났는데도 여전히 이런 질문을 던지다니요. 손예진 씨는 "(질문이) 엄청 신선하네요. 끝날 시간 안 됐나요?"라고 웃으며 응수했지만, 당황하는 기색이 역력했습니다. 배우의 세기의 로맨스가 이슈가 됐다 해도, 그의 작품을 소개하는 영화 제작발표회에서 이런 질문은 삼가는 것이 예의입니다. 아무리 대중들이 신작보다 스캔들을 더 궁금해한다 해도, 때와 장소를 구분하지 못한 이런 질문을 던진 기자에게 "잘했다. 속 시원하네. 멋지다"라고 칭찬하지는 않을 거니까요.

질문에도 리듬이 있습니다. 대화라는 음악 안에서 '내 질문은 어느 타이밍에 들어가야 더 울림이 클까, 언제는 쉼표를, 언제는 물음표를 꺼내야 할까?' 이걸 감각적으로 아는 사람이 결국 좋은 질문을 하더라고요. 주제에 맞지 않거나 상대가 준비되지 않았을 때 던지는 질문은 칼처럼 날카로울 수 있고, 반대로 상대의 리듬을 존중하며 던지는 질문은 그 사람의 마음을 여는 열쇠가 됩니다.

공적인 자리에서의 질문뿐만 아니라 일대일 관계에서의 질문도 때를 맞추면 좋습니다. 상사에게 업무에 관한 질문을 한다고 생각해 보겠습니다. 혹은 업무 중 실수를 보고해야 한다면 어떨까요? 때를 잘 살펴봐야 합니다. 별것 아닌 것 같지만 중요합니다. 어떤 사람은 오전에 컨디션이 좋은 사람이 있습니다. 하지만 누군가는 점심을 먹고 난 오후가 기분이 좋을 때가 있지요. 질문을 받는 상대가 어느 때에 상태가 더 좋은지 파악하고 질문을 던진다면 질문의 효과를 배로 늘릴 수 있습니다.

제가 신입직원일 때의 일입니다. 교육을 받는 중 궁금한 점이 생겼고, 점심을 먹는 내내 저는 골똘히 이 문제에 집착했습니다. 그러다 식당 문 앞에서 상사를 기다렸다가 식사를 막 마치고 나오는 그에게 관련 질문을 던졌죠. 얼마나 열정적인 신입입니까? 밥을 먹으면서도 일에 대해 고민하는 신입직원이라니…. 그러나 저는 칭찬이 아닌 혼이 났습니다. 상사는 저의 태도를 예의 바르지 못하다고 판단했던 것입니다. 질문하기 좋은 타이밍은 눈치 게임 같은 거죠. 어려운 질문일수록 질문의 타이밍을 더 면밀하게 살피셔야 합니다. 잘 모르겠다면 물어보세요. "지금 질문을 드려도 될까요?"라고요.

반대로 타이밍을 잘 맞춘 질문은 새로운 이야기의 확장을 불러오기도 하고, 길을 만들기도 합니다. 세계은행 김용 전 총재와 전문가들과 함께 자살 예방 관련 회의를 했을 때입니다. 심리, 의학, 언론, 문화 등 각기 다른 분야의 전문가들이 그동안 자신이 생각한 한국의 자살 문제의 핵심과 해결 방안에 대해 이야기를 나누었어요. 다 맞는 이야기였어요. 그러나 예전에 다 나온 이야기였고, 이미 성공과 실패를 경험한 사례들이 더 많았습니다. 오랜 시간 동안 팽이처럼 도는 회의 중에 저는 김용 총재에게 질문을 던졌습니다. 김용 총재는 회의 내내 한국의 상황을 듣고 싶어, 참석자들의 발언을 조용히 듣고만 있었습니다. 하지만 저는 회의의 키 포인트는 김용 총재라고 생각했어요. 왜냐하면 이 회의는 자살 예방에 있어서 새로운 해결 방법을 모색하자고 모인 자리였으니까요. 김용 총재는 모두가 불가능할 것이라고 말했던 아프리카의 심각한 에이즈 문제를 해결해 획기적으로 에이즈 사망자를 줄인 사람입니다. 저는 무엇보다도 그의 경험이 우리 회의에 큰 영감을 줄 것이라 확신했기에, 질문을 지금 꼭 던져야 한다고 판단했습니다.

"저는 총재님 이야기가 듣고 싶어요. 총재님은 남들이 절대 불가능할 것이라고 한 일을 가능하게 바꾸셨습니다. 지금 저희에게 자살률을 줄이는 것은 너무나 불가능해 보이거든요. 그 일을 하시면서 어떤 점이 가장 어려우셨어요?"

그의 답변은 진짜 길이 돼줬습니다. 사람을 살리는 일의 중요성, 불가능해 보이지만 포기하지 않으면 할 수 있다는 자신감을 먼저 그 길을 걸어간 사람을 통해 알 수 있었습니다. 이처럼 타이밍을 잘 맞춘 질문은 상대의 시간을 함께 살아내는 행위이기도 합니다.

타이밍을 잘 탄 질문은 분위기를 환기하거나 대화의 주제를 바꿀 수 있습니다. 질문의 때를 잘 맞추려면 모임의 본질, 주제에 대한 파악을 정확하게 해야 합니다. 또한 이야기의 맥락과 흐름을 타는 것도 중요합니다.

친절한 질문인가

 세 번째 원칙, 질문을 할 때 친절한 태도를 갖추는 것이 중요합니다. 제가 요즘 가장 중요하게 여기는 가치는 바로 친절입니다. 어렸을 때부터 들어서 그런지 저에게 '친절'이라는 단어는 참 익숙하고 평범한 단어로 느껴졌습니다. 특별하지 않은 가치이고, 실천하기 쉬운 태도라고 여겼습니다. 그런데 어른이 되고 세상을 살다 보니 친절하기가 얼마나 어려운지 매 순간 깨닫습니다. 영화 〈원더〉에서 나오는 "옳음과 친절 중 친절을 선택하라"라는 대사에 고개가 끄덕여지더군요. 그리고 어려운 친절을 내 말과 행동으로 나의 삶에 묻어 녹이면, 반드시 다시 내게로 보답이 돌아온다는 것도 깨닫게 됐습니다.

 질문이라는 행위는 나 혼자 할 수 있는 것이 아니지요. 질문하는 자와 질문받는 자의 관계 가운데 이루어지는 겁니다. 그렇기 때문에 친절하게 물어야 합니다. 저는 인터뷰를 하면서 사람들이 대단한 질문보다 따뜻한 질문에 마음을 여는 경우를 자주 경험합니다. 때로는 질문의 내용보다도 질문이 전해지는 방식, 그 안에 담긴 눈빛과 표정, 기다려주는 여유가 훨씬 더 중요할 때가 많습니다. "이 사람은 내 말에 진심으로 관심이 있구나"라는 걸 느끼는 순간, 그

제야 그들은 진짜 이야기를 꺼내기 시작하거든요.

단, 친절한 질문의 시작은 질문이 아닙니다. 무슨 말이냐고요? 질문을 하기 전 다른 것으로 시작해야 한다는 뜻입니다. 요즘은 문자로 문의하는 경우가 굉장히 많죠? 그때마다 저는 늘 "안녕하세요"로 시작하며 질문을 던집니다. 문자 소통은 질문 내용에 따라 때로는 공격적이거나 불쾌하게 느껴질 수 있어 자칫 오해하기 십상이거든요. 그러나 인사 한 마디가 그런 오해를 불식시킬 수 있습니다.

오프라인 강의를 듣고 질문을 던질 기회가 생긴다면 상대에 대한 칭찬과 감사로 시작해 보세요. "강의 잘 들었습니다", "열정적인 강의 감사했습니다"라는 간단한 인사 한마디가 질문받는 사람과 질문하는 사람의 마음의 거리를 좁힙니다.

앞서 강연자가 한 말 중 인상 깊었던 부분을 짧게 그러나 구체적으로 언급해 주는 것도 좋은 팁 중 하나입니다. "문해력 교육에 대한 중요성을 생존수영으로 비유해서 설명해 주신 것 잘 들었습니다." 이런 식으로 질문에 앞서 인사와 감사, 칭찬으로 포석을 깔아놓으면 예민하거나 불편한 질문, 강연의 내용과 다른 의견을 내놓아도 강연자가 전혀 불편해하지 않을 겁니다. 이 한마디는 "나는 당신의 강연을 주의 깊게 들었고, 당신이 말하는 내용이 얼마나 중요한지 깨달았다"라는 의미가 담긴 인사이기 때문입니다.

  친절한 질문으로 만드는 마지막 비법은 호기심을 가득 담은 표정입니다. '저는 당신이 제 질문에 얼마나 명쾌한 답을 줄지 기대돼요'라는 표정 말이죠. 제 경험상, 질문을 받는 사람을 춤추게 하는 데에는 이만한 게 없습니다. 그리고 이 표정과 함께 꼭 세트로 갖추셔야 하는 게 있습니다. 바로 답변을 기다리는 여유 있는 표정입니다. 답을 급하게 찾는 표정으로 질문자를 초조하게 바라본다면, 풍성하고 좋은 답을 얻지 못할 수 있기 때문입니다.

일상에서
질문을 만드는 연습

유대인의 교육법 하브루타를 아시나요? 하브루타는 짝을 지어 질문하고, 토론하며 배우는 유대인의 교육 방식입니다. 즉, 하브루타는 '질문'입니다. 하브루타는 진도가 아니라 심도에 중점을 둡니다. 단순한 문장 하나에서도 많은 질문들을 다채롭게 뽑아내고, 개념을 외우는 것이 아니라 이해가 될 때까지 스스로 질문하고 답합니다. 심지어 유대인은 구구단도 외우지 않는다고 합니다. 6 곱하기 6이 왜 36이 되는지 수학적 논리를 찾아 나섭니다. 주입식 교육이 아닌 토론과 논쟁을 통한 공부, 비판적 사고를 통해 얻어지는 창의적인 발견. 이것이 유대인 교육의 본질이며 저력입니다.

　이처럼 질문은 훈련입니다. 일상에서 질문을 만드는 연습이 질문력을 키웁니다. 질문은 연습하지 않으면 늘지 않습니다. 좋은 질문을 던지는 힘은 하루아침에 생기는 것이 아니라, 매일의 작은 습관 속에서 자랍니다. 저는 좋은 질문자가 되고 싶어서, 지금도 일상에서 꾸준히 '질문 근육'을 단련하고 있습니다. 질문자로 살고 싶으십니까? 질문하는 과정 자체를 즐기는 것부터 시작해 봅시다. 질문을 만드는 과정이 성장이라는 필연적 결과를 가지고 올 겁니다.

질문하며 놀아보는
여섯 가지 방법

　요즘에 새로 생긴 놀이터를 보면 정말 멋진 디자인에 세련된 놀이도구들이 많습니다. 그런데 저는 하나도 멋져 보이지 않더라고요. 우리 세대는 어릴 때 공터에서도 참 잘 놀았습니다. 돌 미끄럼틀 위에 올라가기도 하고, 시소랑 그네만 있어도 얼마든지 시간을 보낼 수 있었습니다. 하지만 요즘 아이들은 진짜 놀이를 잃어버렸습니다. 화려한 놀이터는 있지만, 그곳에서는 자유로운 상상과 몸짓을 할 수 없거든요. 진짜 놀이는 아무것도 없는 곳에서 시작됩니다. 어린 시절 진짜 놀이의 몰입 정도가 아이의 지능과 감성을 결정한다 해도 과언이 아닙니다.

저는 질문의 시작도 진짜 놀이의 특성과 같다고 생각합니다. 일상에서 벌어지는 일들에 대해 그냥 넘어가지 말고 질문을 던져보세요. 마치 탐정처럼 질문을 던지고 답을 찾는 과정을 놀이로 상상해 보는 겁니다. 제가 자주 하는 질문 놀이법을 소개하겠습니다.

하나, 하루 동안 반복되는 나의 일상에서 사소한 질문을 던져봅니다. 예를 들어, '오늘은 왜 내가 이 음식을 점심에 먹고 싶었지?'라는 질문을 던지는 겁니다. 직장인에게 점심 메뉴 고르는 것만큼 어렵고 진지한 일이 어딨겠습니까? 분명 그 음식을 먹고 싶은 이유가 있을 겁니다. 얼마 전에 TV에서 본 메뉴라던가, 내 몸이 무언가의 맛을 필요로 한다던가 등등이요. 또 이유가 없으면 어떻습니까? 너무 당연했기에 별스럽게 생각하지 않았던 일에 질문으로 브레이크를 한번 건 것만으로 충분합니다.

둘, 길거리를 지나다니면서 늘 보는 풍경에 대해 궁금증을 가져봅니다. 밖을 다니다 보면 특이한 디자인의 건물이 있기도 하고, 전혀 안 어울리는 장소에 생뚱맞은 점포가 있을 때도 있습니다. 여기에 질문을 던져보는 겁니다. 디자이너의 의도, 저곳에 가게를 연 상점 주인의 이유 같은 것들을 말입니다. 같은 길이라도 걸을 때와 자전거를 타고 갈 때, 차를 타고 갈 때 보이는 풍경이 전혀 달라지는 것, 경험해 보신 적 있으시지요? 그때마다 질문도 달라질 것입니다. '왜? 어떻게? 무엇이?' 같은 다양한 질문 방식을 이용해 접근해 보세요. 새로운 시각과 답변을 발견하다 보면 질문하는 일이 더 즐거워집니다.

셋, 생활 속에서 불편했던 것들에 대해 질문을 해보세요. 그동안은 바쁘다, 귀찮다는 핑계로 그냥 지나쳤지만 사실 불편감을 느꼈던 것들에 대해서요. 많은 발명품들이 이런 찰나의 질문에서 탄생했습니다. 초등학교 때부터 발명이 취미였다는 자기창업연구소 조빛나 대표는 튜브에 들어있는 치약을 남김없이 사용하기 위한 '치약압출기', 컵 하단부를 U자 모양으로 만들어 빨대를 움직이지 않고도 버블을 남기지 않고 쉽게 먹을 수 있는 '버블티 전용컵' 등을 개발했습니다. 분실방지용 화장실 선반 '셀프락 Shelf lock'도 발명했는데요. 누구나 한 번쯤 경험했던, 고속도로 휴게소 화장실에 휴대폰을 두고 온 기억을 바탕으로 개발한 제품이라고 합니다. 누군가는 불평하고 말지만, 누군가는 '뭔가 방법이 없을까?'라는 질문을 던지고 답을 찾아 갑니다.

이럴 때 가지치기 질문이 큰 효능을 발휘합니다. 큰 질문은 더 작은 부분으로 나누어 보고, 반대로 작은 질문은 더 깊이 파고들어 보세요. 예를 들어 "왜 치약이나 로션은 바닥까지 다 쓰는 게 어려울까?" 같은 질문을 했을 때 "용기의 재질 문제인가?", "디자인의 문제인가?" 같은 하위 질문을 만들어보는 겁니다.

넷, 늘 보는 주변 사람들에게 질문해 보세요. 제 친구 민정은 사람들을 만나면 "당신은 언제부터 이런 일을 잘하셨나요?", "이런 주제에 관심이 많으셨나요?"라는 질문을 던집니다. 여러 사람들에게 꾸준히 질문을 던져보니, 자신에게 맞는 일을 하거나 재능을 발견하게 되는 데에는 어릴 때 들은 강력한 한마디가 있다는 것을 발견했답니다. 평범한 이웃 같지만, 그 사람에 대해 질문하고 답을 들으면 모두 특별한 인생을 사는 사람이라는 것을 알게 되었습니다. 민정은 그 말들을 모아 아이들을 위한 동화책으로 엮고 싶은 꿈까지 생겼습니다. 타인에게 질문을 하는 사람은 단순히 호기심만 많은 것이 아니라, 깊이 있는 사고와 소통 능력을 겸비한 사람이 분명합니다. 무엇보다 질문자는 타인에 대한 애정 어린 질문을 통해 새로운 영감을 받을 수 있습니다. 하루에 한 번, 누군가의 말에 '왜' 또는 '어떻게'를 덧붙여 보세요. 단, 따지듯 묻지 말고, 부드럽게, 궁금한 표정으로요.

다섯, 뉴스에서 접하는 세상 돌아가는 소식에 대해서도 질문을 던져봅니다. 이 방법도 질문으로 노는 아주 효과적인 방법입니다. 시사적인 질문은 세상을 사는 방법과 감각을 길러줍니다. 제가 언론인이 된 가장 큰 이유는 뉴스를 들으며 던진 질문이었습니다. 왜 세상에 이런 일이 벌어지지? 왜 저 사람들은 저런 식의 범죄를 저지르지? 그렇다면 이 사회가 이렇게 될 수밖에 없는 이유는 무엇이었을까? 이 질문에 대한 답을 찾기 위해 책을 찾아보고 전문가에게 물어보며 저만의 답을 찾을 수 있었습니다.

시사적인 질문을 갖는 것이 쉽지 않다면, 신문 사설 읽기를 추천합니다. 신문 사설은 현재 우리 사회의 뜨거운 이슈를 다루고 있어 칼럼니스트들의 다양한 시각으로 정리된 양질의 해석을 배울 수 있습니다. 이때 기본적으로 진보와 보수를 각각 대표하는 언론사의 칼럼을 함께 읽어야 합니다. 주간지나 월간지를 읽는 것도 좋습니다. 질문에 대한 좀 더 깊고 자세한 답변들이 정리된 글들이니까요. 그리고 중요한 과정이 한 가지 더 있습니다. "이 이슈가 다음에 어떤 영향을 가져올까?"라는 질문으로 내용을 더 확장시키는 겁니다. "글을 쓴 사람은 왜 이런 주장을 할까?"와 같이 점검하는 질문을 던져야 합니다.

여섯, 자신에 대한 당연한 점들에 질문을 던져보세요. 저에게는 이 책을 쓰는 일 자체가 그랬습니다. 저는 늘 질문이 많고, 질문하는 일이 매우 자연스러운 사람이어서 처음에는 질문하는 법을 글로 푸는 일이 너무나 어려웠습니다. 한 기획자가 같은 고민을 SNS에 토로한 것을 본 적이 있는데요. "테크닉이 아닌 현장에서 몸으로 익힌 것들을 문장으로 푸는 것이 쉽지 않다"는 내용이었습니다. 그래서 저는 끊임없이 스스로에게 질문을 던지며 저를 분해하기 시작했습니다. '왜 나는 질문이 쉬웠지? 나한테 질문은 무슨 의미지? 언제 나는 질문이 어려웠지? 내가 받은 좋은 질문은 무엇이었지?' 이런 식으로 그동안 당연했던 것에 대해 스스로 질문을 던지고 답을 찾으니, 조금씩 질문에 관한 이야기 주머니를 풀어낼 수 있었습니다. 이렇게 나에게 당연한 것에 질문을 던지는 것을 시작하면 나만의 콘텐츠를 만들어 갈 수 있습니다. 왜냐하면 나에게 당연한 것은 나의 재능이며 경쟁력이기 때문입니다.

가벼운 질문들이 켜켜이 쌓여, 적재적소에 닿아 개선과 변화로 이어지면 비로소 질문의 유용성을 몸소 깨닫게 됩니다. 소개해 드린 여섯 가지 방법은 저의 질문 놀이입니다. 여러분도 자신만의 질문으로 노는 법을 개발하기를 바랍니다. 놀이는 습관이 될 것이고, 질문하는 일이 자연스럽고 즐거운 일이 될 것입니다.

그리고 꼭 하셔야 하는 것이 있습니다. 바로 질문 노트 만들기입니다. 나만의 질문 노트를 만들어보세요. 질문 놀이를 통해 생긴 부끄러운 질문, 유치한 질문, 쓸데없는 질문도 다 기록하세요. 하루하루 던진 질문을 모아두면, 어느 순간 내 삶의 방향과 고민이 선명하게 보이기 시작합니다. 이렇게 3개월을 꾸준히 채운 후 제일 마음에 드는 질문 5개를 골라 답을 써보세요. 질문은 쌓여야 힘이 됩니다.

질문 노트 팁!
1. 짧게 쓰세요. 질문과 이유만 써도 충분합니다.
2. 형식은 자유롭게. 타이핑, 메모 앱, 손글씨 다 좋아요.
3. 솔직하게 쓰세요. 남에게 보여주려고 쓰는 노트가 아닙니다.

좋은 질문을 던지는
사람들과 함께하라

"왜 사는가?", "죽으면 어디로 가는가?"와 같은 질문이 종교를 탄생시켰습니다. 석가모니는 '삶은 왜 고통으로 가득 차 있는가?'에 대한 질문 때문에 출가했고, 수행했습니다. 하나님은 인생을 어떻게 살아야 하는지에 대한 질문의 답으로 자신의 아들 예수를 이 땅에 보내셨습니다. 사람들은 예수와 부처에게 인생의 근원과 사후세계 등 풀리지 않는 질문을 던졌습니다. 여기서 주목해야 할 점은 이미 정답을 알고 있는 예수와 석가모니가 답을 주기보다는 오히려 질문을 많이 던졌다는 겁니다. 일방적인 가르침이 아닌 질문 속에 자신을 드러내고자 한 겁니다.

성경에서 가장 중요한 질문은 마태복음에 나오는 "너희는 나를 누구라 하느냐"입니다. "당신은 누구냐?"라는 질문에 예수는 한마디로 답할 수 있지만 되물었습니다. 제자들이 예수를 어떤 존재로 받아들이고 있느냐가 믿음의 본질이라고 생각했기 때문에, 답변의 키를 제자들에게 넘긴 겁니다. 질문을 받은 베드로는 "주는 그리스도시오. 살아 계신 하나님의 아들이시나이다"라고 고백합니다. 정답! 베드로는 이 대답으로 반석 위에 교회를 세우는 자의 축복을 받게 됩니다. 이 질문은 베드로의 인생을 바꾸는 한 방이었습니다. 예수가 질문으로 답을 대신한 이유는 무엇이었을까요. 거저 얻은 답이 아닌 질문에 직면하고 스스로 찾는 답만이 자신만의 고유한 힘이 된다는 것을 알았던 것이지요. 좋은 질문을 던진 스승을 둔 덕에 예수와 부처의 제자들은 세상을 바꾸는 사람이 됐습니다.

드라마 〈대장금〉에도 한 사람의 인생을 바꾼 질문이 등장합니다. "어찌 홍시라 생각했느냐?" 정 상궁이 던진 질문에 장금은 "홍시 맛이 나서 홍시 맛이 난다 했는데, 어찌 홍시라 생각했느냐 물으시면 그냥 홍시 맛이 나서 홍시라 생각한 것이옵니다"라고 답합니다. 어린 장금의 천재적인 미각을 말해주는 대사지요. 대장금이 자신의 인생을 돌아볼 때 자기의 재능을 처음으로 알아봐 준 정 상궁의 질문을 가장 중요한 질문으로 꼽지 않을까 싶습니다. 당신에게도 이렇게 좋은 질문을 던지는 사람들이 있습니까?

생각의 깊이와
폭을 넓혀주는 사람들

저에게도 저를 작가로서 성장시킨 중요한 질문이 있습니다. 첫 책 《눈 떠보니 50》은 '인생의 후반기를 어떻게 살아야 하는가?'라는 주제로 질문했던 인터뷰를 엮은 책인데요. 개그맨 고명환 작가가 저의 초고를 읽더니 제게 딱 한 가지 질문을 던졌습니다.

"그런데 혜민 피디, 왜 이 책에 본인 이야기는 한 개도 없어?"

《눈 떠보니 50》은 워낙 유명하고 훌륭한 분들의 인터뷰집이다 보니, 제 의견이나 이야기는 최대한 배제하고 썼거든요. 그때까지 저는 독자들에게 중요한 건 내 이야기가 아니라고 생각했습니다. 기록자 혹은 전달자라고 저의 역할을 스스로 한정했죠. 그 질문을 받고서야 비로소 생각하게 됐어요. '나는 어떤 이야기를 하는 작가가 되고 싶은가?' 당연히 저도 나만의 서사를 말하고 싶었습니다.

"혜민. 사람들은 작가의 이야기를 듣고 싶어 해. 나의 이야기를 사람들이 궁금해할 것이라는 확신을 가지고 책을 써야지."

고명환 작가의 조언을 듣고, 작가의 본질에 대해 각성하게 됐습니다. 그리고 원고를 다시 매만졌습니다. 매 챕터마다 이 주제에 대해 쓰게 된 이유, 인터뷰 후 내가 깨달은 것들, 그리고 깨달은 점을 내 삶에 어떻게 적용할 것인지에 대해 썼습니다. 내 이야기를 누군가는 궁금해할 것이라는 확신이 생기고 나서야 비로소 진짜 제 책을 쓸 수 있게 된 것입니다.

이렇게 좋은 질문을 던지는 사람들을 옆에 두면 내 인생에 이롭습니다. 좋은 질문은 질문자와 답변자 모두를 성장시키는 과정이기 때문입니다. 그래서 저는 좋은 질문을 던진 사람을 집중하며 관찰합니다. 저에게 '질문력'은 관계의 깊이와 만남의 연속성을 결정하는 데 중요한 요소가 됩니다.

좋은 질문을 하는 사람과 함께하면 어떤 이득이 있을까요? 좋은 질문을 던지는 사람과 함께 있으면, 내 삶의 결이 달라집니다. 단순히 '대화가 풍성해진다' 정도를 넘어, 내 생각의 깊이와 폭 자체가 넓어집니다. 저를 만날 때마다 저에게 던질 질문을 적어 오는 친구가 있습니다. 저보다 나이도 많고 책도 많이 읽고 훨씬 훌륭한 사람인데도, 친구는 저를 늘 궁금해합니다. "혜민은 책을 어떻게 쓰게 됐어?", "혜민은 요즘 어떤 생각을 해?"라는 개인적인 질문부터 시의성 있는 뉴스에 관한 저의 생각을 묻습니다. 저는 그녀의 질문을 만날 때마다 저의 시각을 점검하고, 흩어져 있는 개념을 언어로 정리합니다. 혼자 고민하면 미처 생각하지 못했던 부분들을 알아차리고 생각의 빈틈을 채워줍니다. 참 고마운 일이지요. 그래서 질문자 친구를 만날 때마다 가벼운 긴장감이 생기지만, 그 긴장감이 참 좋습니다. 주변에 나에게 끊임없는 질문을 던져주는 사람이 있다는 건 행복한 일입니다. 누군가의 질문에 답하려고 하다 보면 나의 말하는 습관도 달라지게 됩니다. 가벼운 수다 대신, 서로를 존중하고 탐색하는 대화를 나누게 되고, 자연스럽게 따뜻함과 신중함이 묻어나게 됩니다.

내가 만난 최고의 좋은 질문자

저의 기억에 남아 있는 최고의 질문자가 있습니다. 국회자살예방포럼 출범식을 진행할 때 일인데요. 당시 10대 청소년부터 70대 어르신까지 다양한 연령대의 관중이 있었는데, 그 중 중학교 1학년 여학생이 손을 들고 질문을 던졌습니다.

"저희 아빠가 요즘 힘들다는 말씀을 자주 하세요. 힘들어하는 40대 남자의 증상 중 중학생이 알아차릴 수 있는 것이 무엇이 있을까요?"

이 질문이 끝나자마자 장내에 있는 어른들 대부분이 눈물을 흘렸습니다. 이 질문은 어려운 개념을 물어보는 것도 아니고, 수준 높은 단어를 사용한 것도 아닙니다. 아빠를 걱정하는 딸의 마음이 순도 100% 담겼을 뿐이죠. 이 학생의 질문을 들은 사람들은 '아. 나의 아이도 내가 힘들어하는 것을 알겠구나. 그리고 저 친구처럼 나를 염려하겠구나'라는 깨달음이 있었습니다. 저는 질문을 던진 학생에게 당신의 질문이 제가 들은 최고의 질문이라고 칭찬했습니다. 좋은 질문자가 꼭 나보다 나이가 많거나 많이 배운 사람이 아닐 수도 있다는 당연한 진리를 새삼 깨달았습니다.

당신이 생각하는 좋은 질문자는 어떤 질문을 던지는 사람입니까? 저에게 좋은 질문자는 상대방의 '존재'에 관심을 갖는 사람, 깊은 경청 후 흐름을 읽어 질문하는 사람, 자기 생각과 사유가 담긴 질문을 던지는 사람입니다. 이 질문에 대한 답을 먼저 정리해 본 후 주변을 둘러보세요. 분명 당신 주변에도 좋은 질문자들이 있을 것입니다. 그들의 질문은 당신에게 성장의 기쁨과 희열로 돌아올 것입니다.

좋은 질문자가 없다고요?

　베스트셀러 《영어책 한 권 외워봤니?》를 쓴 김민식 작가는 가부장적이고 폭력적인 아버지 때문에 힘든 학창 시절을 보냈습니다. 그는 어머니께 왜 나의 아버지는 저런 사람이냐고 불평했습니다. 이때 어머니께서는 생물학적인 아버지는 바꿀 수 없지만, 너는 책을 통해 다른 아버지와 스승을 얼마든지 만들 수 있다고 조언했습니다. 그때부터 김민식 작가는 도서관에서 책을 읽기 시작했다고 합니다.
　"공부 잘하니?", "어느 대학 갈 거야?", "취직은 언제 할 거니?", "결혼할 사람은 어느 대학 나왔니?" 같은 쓸데없는 질문만 하는 사람만 주변에 있다면 불평하지 마시고 얼른 책을 읽으세요. 작가는 좋은 질문자임은 물론이며, 그 질문의 답을 찾기 위해 자신만의 탐구와 여행을 하고 온 사람입니다. 그 결과물이 책이고요. 그러니 책 한 권을 읽으면 좋은 질문자를 만나는 겁니다. 좋은 질문의 시작! 좋은 질문을 던지는 사람들과 함께하는 것입니다.

Part 2

인생을 바꾸는 좋은 질문의 힘

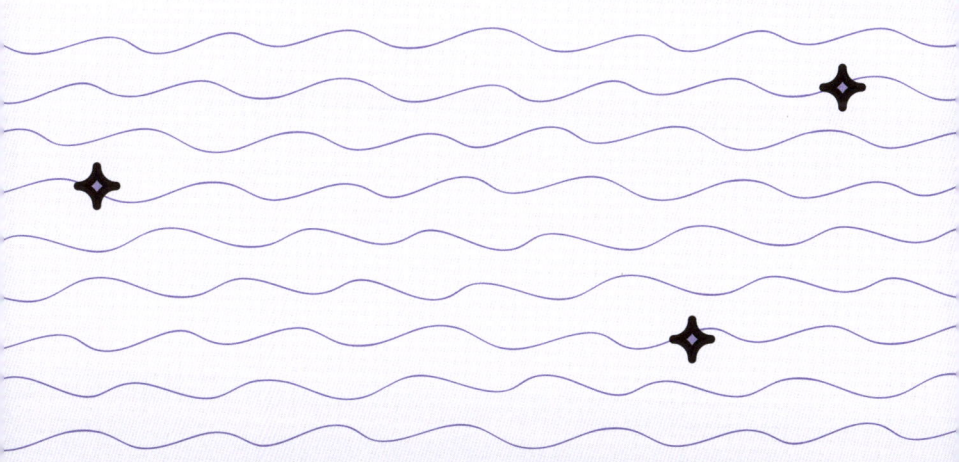

가장 먼저
물어야 하는 질문

아이가 학교에서 돌아오면 저는 "오늘 무슨 일이 있었니?"라는 질문 대신 "오늘 어떤 질문을 던졌니?"라고 묻습니다. 아이의 질문을 들으면 오늘 아이가 어떤 궁금증을 가지고 어떤 사유를 했는지 알 수 있기 때문입니다. 덤으로 아이의 지적, 영적 수준이 어느 정도인지 살펴볼 수도 있죠. 일을 하며 만나는 파트너를 가장 쉽게 파악할 수 있는 것도 질문에 답하는 수준을 보면 됩니다. 세계적인 유대인 교육의 핵심 역시 질문입니다. 세상에서 새롭게 발견한 이론도, 발명품도 시작은 질문이죠.

이렇듯 질문은 중요합니다. 내가 던지는 질문은 내가 지금 어디에 서 있는지, 나의 수준이 어디쯤인지 알 수 있는 바로미터가 됩니다. 이 말을 바꿔 생각하면, 질문을 던지지 않으면 '나'에 대해 알 수 없다는 말이기도 합니다. 개그맨이자 CEO인 고명환 작가는 책 《나는 어떻게 삶의 해답을 얻는가》에서 질문을 던지지 않고 대답만 하는 삶을 살다 보면, 반쪽짜리 세상에 갇혀버린다고 했습니다. 대답의 세상은 끌려가는 세상이고, 질문의 세상은 '내가 끌고 가는 세상'이라며, 좋은 질문 하나면 인생이 바뀐다고 강조했습니다.

저는 이 책을 통해 인생을 바꾸는 좋은 질문 하는 법을 안내하고자 합니다. 살아가는 데 그 어떤 질문보다 가장 중요한 질문, 꼭 필요한 질문 하나를 당신에게 던지고 싶습니다. 바로 '나는 누구인가?'라는 질문입니다.

방송을 하면서도, 책을 쓰면서도, 저는 스스로 "나는 지금 '내가 누구인지' 알고 말하고 있는가?"를 묻습니다. 인터뷰에서 제가 던지는 질문 하나하나는 사실 상대방에게 묻는 동시에 저 자신에게 되묻는 질문이기도 하거든요. "당신은 어떤 삶을 살아오셨나요?", "그 결정을 하게 된 이유는 무엇인가요?"라는 말 뒤에는 '그럼 나는 어떤 삶을 살아왔고, 지금 이 선택에 어떤 마음이 담겨 있을까?'라는 되묻기가 숨어 있습니다. 이럴 때 질문은 더 힘을 갖게 됩니다. 그래서 저는 질문이 단지 타인에게 던지는 화살이 아니라, 스스로를 향해 다가가는 나침반이라고 믿습니다.

나에게 질문하라

제가 강의를 할 때마다 청중들에게 꼭 던지는 질문이 있습니다. "여러분은 자신에 대해 잘 알고 있나요?"

아무도 자신 있게 대답하지 않습니다. 이럴 때는 답변을 유도하기 위해 범위를 좁혀서 질문을 다시 던지면 좋습니다. "나는 나에 대해 70% 이상 아는 것 같다고 생각하는 분?" 한두 명 정도 꽤 당당한 자세로 손을 번쩍 듭니다. "나에 대해 50% 정도 아는 것 같다고 생각하는 분?" 한 다섯 명 정도가 손을 듭니다. 놀랍게도 강의실에 있는 분 중 절반 이상은 자신에 대해 반도 모른다고 답합니다. 심지어 반백 년을 살아온 50대 이상들도 자기가 어떤 사람인지, 무얼 좋아하고 싫어하는지 모르겠다고 답합니다. 그러면 저는 약간은 냉정하게 말합니다. "AI도 아바타도 아니라면, 쉰 이상이 돼서 '내가 누구인가?'라는 질문에 답을 못한다면 반성이 필요하다고 생각해요."

50년 이상을 살고도 자신에 대해 모른다는 건, "나는 누구인가?

나는 무엇을 좋아하고 싫어하는가?"와 같은 질문을 해본 적이 없다는 뜻이기도 합니다. 정말 심각한 일입니다. 그동안 질문을 던져 보지 않았으니, 답을 찾을 수가 없었을 겁니다.

 이분들을 대신해 굳이 변명을 하자면, 대한민국의 교육 환경 속에서 '나는 누구인가?'라는 질문은 있을 수가 없습니다. 한 줄로 쭉 세우는 주입식 교육 속에 개별성을 인정하지 않는데, 누가 자신에게 이런 질문을 던지겠습니까? "너는 어떤 사람이니?"라는 존재에 관심을 갖는 질문을 받아본 적도 없는걸요. 일곱 살 자녀를 둔 부모가 갖는 질문이 고작 "우리 아이가 의대에 가려면 지금 무얼 해야 하지?"라는 지경인데, 스스로 자신을 알아가는 질문을 기대하기 어렵습니다. 그러니 질문을 잘하고 싶어 이 책을 연 지금이라도 '나는 누구인가?' 라는 질문을 자신에게 던져야 합니다. 나에게 질문하고 나에 대한 답을 찾는 일을 시작해야, 타인과 세상에 궁금증을 품고 질문을 던질 용기가 생기기 때문입니다.

나에 대한
데이터베이스를 쌓아라

SWOT 분석은 기업에서 사업전략을 짜기 전에 필수로 하는 작업입니다. "이 사업을 진행해도 될까?"라는 질문에 강점Strength 약점 Weakness 기회Opportunity 위기Threat로 나누어 분석하고 답을 찾는 겁니다. 나는 '김혜민'이라는 회사의 대표이자, 최대 주주이자, 주인입니다. 회사를 잘 경영하려면 곳간에 무엇이 있는지, 강점과 약점이 무언지 정확히 알아야 하는 것처럼, 나를 잘 데리고 살려면 나에 대한 분석을 해야 합니다. 그래야만 인생에 크고 작은 질문 앞에서 정확한 답을 찾을 수 있습니다.

강점만 있는 사람도 없고, 약점만 있는 사람도 없습니다. 기회만 오는 사람도, 위기만 오는 사람도 없습니다. 평소 자신에 대해 잘 아는 사람은 강점을 배가하고 약점을 줄일 수 있습니다. 그리고 기회와 위기가 찾아왔을 때에는 적절한 대응책을 세울 수 있습니다.

자, 이제 수첩을 펴든, 컴퓨터를 열든 일단 여십시오. SWOT까지 필요 없습니다. '내가 좋아하는 일/싫어하는 일이 무엇일까?'라고 질문을 쓰세요. 그리고 대답을 그냥 나열하며 편하게 써 보세요. 오늘 내가 한 일 중 좋아하는 일과 싫어하는 일을 쓰시고, 한

달간 내게 일어난 일 중 가장 행복했던 일과 불행했던 일을 쓰세요. 그렇게 이분법적으로 간단하고 단순하게 적다 보면 공통점이 나올 겁니다. 그 총체가 바로 '나'라는 사람입니다.

쭉 써나간 내용을 바탕으로 카테고리를 나눠보세요. 취향, 직업, 인간관계, 태도 등으로 확장시키는 거죠. 나이를 먹을수록 나를 객관화시키고 나를 이루고 있는 여러 요소들을 분류하는 것이 중요합니다. 저도 제가 좋아하는 일과 싫어하는 일을 다음 표에 적어봤습니다. '나는 누구인가?'라는 질문 덕에 제 TMI가 많이 나오니, 그냥 재미있게 봐주세요. 여러분도 꼭 이 작업을 해보시기 바랍니다. 나의 대한 TMI는 나를 정의하고 알아가는데 가장 좋은 정보니까요.

제 남편 제주철 씨는 저의 첫 직장 사수였습니다. 그는 "혜민 씨

좋아하는 일	싫어하는 일	카테고리
기록하기, 글쓰기, SNS 포스팅	돈 계산	직업, 일
기획하기	꼼꼼하게 검토하는 일	직업, 일
창의적인 작업	단순 반복 작업	직업, 일
앞뒤가 똑같은 사람	속을 알 수 없는 사람	사람
평등한 문화, 편한 대화 분위기	인정할 수 없는 권위, 보수적인 조직	문화
드라마 보기, 책 읽기	클래식 공연 보기	취미
일상, 루틴한 삶	예측 불가한 일들	일상, 일

는 나무보다는 숲을 볼 수 있는 사람이에요"라고 저를 평가했습니다. 신입직원 김혜민은 디테일한 것을 챙기는 것보다 일을 기획하는 큰 그림을 그릴 수 있다는 뜻이었습니다. 그리고 동시에 "너는 참 꼼꼼하지 못하구나. 그래서 잔실수가 많구나"라는 비난이기도 했습니다.

신입직원 때는 기획하고 일을 주도적으로 해가는 경우보다는 선배들이 계획한 일을 수발하는 경우가 더 많죠. 그러니 제가 얼마나 혼이 났겠습니까? 내가 이렇게 바보 같았나, 이렇게 일을 못했나 하는 생각이 들면서 괴롭더라고요. 한순간에 쓸모없는 사람이 된 것 같았습니다. 그런데 업무를 할수록 내가 쓸모없거나 무능한 사람이 아니라, 이 단점은 나의 일부일 뿐이라는 것을 깨달았습니다. 그러나 저는 돈을 받으며 일을 하는 사람이죠. 프로입니다. 그렇다면 단점을 줄이고 보완하기 위해 노력해야죠. 그러기 위해 저도 나름대로 노력을 많이 했습니다. 문서에 오타를 쓸 때마다 수첩에 횟수를 기록하기도 하고, 스스로를 욕하기도 했어요. 그러나 정말 말 그대로 '나름대로'였지 절대 완전히 고치지는 못하더라고요.

물론 시간이 지나니 1년 차 때보다 많이 나아지긴 했지만, 직장생활을 한 지 근 20년이 다 되어도 이 단점을 완벽하게 극복하지는 못했습니다. 공개방송, 프로그램 제작(숲을 보는 일) 등은 척척 해내면서(인정도 받고 상도 받았습니다), 여전히 말도 안 되는 어이없는 실수(나무를 보는 일)를 합니다. 그러면서 제가 깨달은 것이 있습니다.

"사람 고쳐 쓰는 거 아니라더니, 단점은 죽어도 완벽하게는 안 없어지는구나. 20~30대에는 단점을 극복하기 위해 노력했다면, 이제 더 이상 내 단점에 매여있지 말자. 그 에너지로 장점을 더 키우기 위해 노력하자."

배우 김혜수 씨도 비슷한 말을 했습니다. 단점을 잊어버리지는 않지만, 단점을 갱신하거나 노력하기보다는 장점을 좀 더 나은 면으로 노력하는데 훨씬 많은 시간과 공력을 들인다고 합니다. 내가 가진 에너지가 100이라면, 단점을 줄이기 위해 노력하는데 10 이상을 쓰지 않는다고 합니다. 단점 하나를 보완하는 것 보다, 내가 가진 좋은 면을 더 확대하는 것이 더 중요하기 때문입니다. 이 정도 내공을 가지려면 우선 나의 장단점에 대해 명확히 아는 것이 우선이겠죠?

인간관계도 이런 관점으로 접근하면 조금 더 쉬워집니다. 한때 저는 누구와도 다 잘 지내고 싶다는 욕심을 가진 때가 있었습니다. 그러나 그럴 수도 없고 그럴 필요도 없다는 것을 지금은 압니다. 나와 가까이 지내고 싶지 않아 하는 사람과 잘 지내려는 것도 폭력이라는 것을 알고부터는, 나를 싫어하는 사람의 취향을 인정해 주기로 했습니다. 아니, 나를 싫어하는 사람과 처음부터 가깝게 지내지 않으면 될 일입니다. 그래서 나를 싫어하는 사람들의 특징을 쭉 써봤습니다. 그랬더니 놀랍게도 공통점이 보이더군요. 권위적인 유형의 인간들, 형식을 중요하게 여기는 보수적인 사람들은 저를 싫어했어요. 거짐없이 자신의 생각과 욕망을 이야기하는 저같은 사람을 그들은 불편해하고 이상하게 여겼습니다. 이후부터는 어떤 류의 사람이 나를 싫어하는지 예상이 갑니다. 그래서 저는 이제 이런 류의 사람을 만나면 저 자신을 있는 그대로 보여주지 않습니다. 지혜롭게 나를 방어하는 거죠.

이런 단단함을 가지기 위해서는 "Who am I?"라는 질문을 던지고 답을 찾기 위한 항해를 떠나야 합니다. 나에 대한 정보와 데이터베이스를 모으면서 말이죠. 그리고 어느 정도 '나'라는 실체가 나오는 것 같다면, 그다음 반드시 해야 할 일이 있습니다.

정체성을 한 문장으로 정리하라

나의 실체가 조금씩 보인다면, 그 다음으로는 나의 정체성을 한 문장으로 정리해야 합니다. 저는 마흔이 되면서 "나는 누구인가?"라는 질문을 다시 한번 스스로에게 던졌습니다. 어른으로 20년을 살았으니 인생의 중간 점검이 필요했고, 이 질문의 답변을 해야 할 의무가 있었습니다. 피디, 작가, 엄마 등으로 답하는 것이 아니라, 내 인생의 지향점이 담긴 답을 내고 싶었습니다. 저는 저 자신에 대해 90%는 안다고 자신합니다. 다행히 그동안 나에 대한 데이터베이스를 열심히 모아왔고, 자신에 대해 잘 알고 있는 사람이니, 이제는 나의 정체성을 담고 있는 문장을 써 보기로 했습니다. 신, 세상, 필요, 이야기…. '나, 김혜민'이라는 사람을 말할 때 빠질 수 없는 단어들을 조합하니 저의 정체성을 담은 한 문장이 나오더군요.

> 신이 내게 주신 재능을 이용하여(신앙인의 정체성),
> 세상에 필요한 이야기를 하는 사람(직업인의 정체성).

여러분에게도 자신의 정체성을 한 문장으로 정리하기를 강력 추천합니다. 자신을 표현할 수 있는 단어들을 쭉 나열해 쓴 다음, 그것들을 한 문장으로 만들어 보세요. 반드시 한 문장이어야 합니다. 〈개그콘서트〉 피디 선배에게 들은 이야기인데요. 개그콘서트를 만들기 위해 개그맨들은 늘 아이템을 짜서 피디들에게 보고합니다. 자신이 하려는 코너에 대해 1분 안에 설명하지 못하면 그 아이템은 무대에 올라가지 못한다고 합니다. 기획자가 자신이 하려는 것에 대해 압축적, 효과적으로 전달하지 못하면 무대에 올라가서 성공할 수 없다는 것을 피디들은 경험적으로 아는 겁니다. 선배의 이야기를 듣고 저는 "너는 누구니?"라는 질문에 주저리주저리 설명하는 것이 아니라, 단 한 문장으로 답할 수 있어야 한다고 생각했습니다. 이렇게 나의 정체성을 한 문장으로 정리하게 되면, 누군가와 대화를 할 때, 책을 읽을 때, 영화를 보거나 노래를 들을 때 나의 정체성과 결이 비슷한 문장이 나타나면 말할 수 없는 전율을 느낄 수 있게 됩니다.

전율만 느끼는 게 아니에요. 나에 대해 알게 되면, 내가 나를 구원 할 수 있습니다. 김미경 작가는 책《김미경의 딥마인드》에서 그동안의 메시지와 다른 내용을 전달합니다. 강연자인 김미경은 코로나19로 큰 위기를 맞이하고 온라인 기반의 자기계발 학교를 창업합니다. 직원이 백 명이 넘을 정도로 엄청난 성장을 이루지만, 곧 사업은 한계에 이르고 위기를 맞이하는데요. 그제야 자신이 무질서하게 열심히 막살았다는 걸 깨닫고 내가 정말 무엇을 원하는지 자기 자신과 대화를 하기 시작합니다.

'나는 어떤 사람으로 살고 싶은가?' 딥마인드는 내게 이것을 물었다. 그렇다면 답은 분명했다. 나는 죽을 때까지 강사 김미경으로 살고 싶다. 사람들에게 용기와 희망, 새로운 영감을 주는 이 일을 나는 평생 사랑해왔다. 스타트업 CEO는 내게 어울리는 일도, 내가 잘하는 일도 아니다.

_김미경,《김미경의 딥마인드》중에서

이처럼 나에 대해 알면, 인생의 벼랑 끝에서 현명한 선택을 하게 됩니다. 내 인생의 정답은 오직 '나다움'밖에 없습니다. 앞에서 살짝 말씀드린 고명환 작가의 이야기로 이번 글을 맺으려 합니다. 고명환은 자신이 태어난 이유는 '사람들에게 긍정적인 에너지를 전달해 주기 위해서'라고 말합니다. 자신의 정체성을 한 문장으로 정리한 거죠. 실행 방법으로 그는 책과 강의와 도서관을 택했습니다. 그리고 이제 99퍼센트 자신을 찾았다고 확신합니다.

내 안에 잠자는 수많은 '나'를 깨우는 주문이 인문과 고전, 철학과 시에 담겨 있다. 이런 책을 읽고 질문을 던져야 잠자는 '나'들이 응답한다. 질문을 듣고는 고개를 들고 손을 뻗어 세상 밖으로 나온다. (중략) 아직 태어나지 못한 수많은 '나'들이 있다. 진짜 '나'로 사는 사람들이 많아질 때 세상은 바람직하게 흘러간다. 지금 진짜 '나'를 찾기 위해 책을 읽고 있는 당신에게 감사하다. 자신에게 질문을 던져라.

_고명환, 《나는 어떻게 삶의 해답을 찾는가》 중에서

나에 대해 진지하게 질문하지 않는 사람은, 남의 인생에도 제대로 물을 수 없습니다. 질문이 깊어지려면 내가 누구인지, 어떤 가치로 살아가고 싶은지에 대한 대답이 마음속에 정리돼 있어야 합니다. 그래서 저는 43년째 질문하는 인생을 살면서 여전히 자주 던지는 질문이 "나는 누구인가?"입니다. 이 질문 덕에 저는 제가 어떤 질문을 던지는 사람인지 알게 되었고, 조금 더 김혜민답게 말하고, 일하고, 살아갈 수 있었습니다.

여러분도 여러분만의 문장을, 정체성을, 질문을 갖길 바랍니다.

"나는 누구인가?"

이 질문이 당신을 좋은 질문자로 만들어 주는 첫걸음입니다.

핵심을
파악하게 한다

　　　　　　　　떨리는 마음을 참고 질문을 했는데 "그것 참 좋은 질문인데요!"라는 소리를 들으면 안도의 한숨이 쉬어지면서 "다행이다. 내가 헛질문은 안 했구나"하며 좋은 질문을 했다는 사실에 어깨가 펴집니다. 저는 인터뷰를 하면서 제가 던진 질문 하나로 상대방의 눈빛이 달라지는 순간을 종종 목격합니다. 그 순간 저는 압니다. '아, 지금 이 질문이 저 사람의 마음을 건드렸구나.' 나의 질문이 상대방이 정말 소중하게 여기는 지점에 다가선 것이지요.

　　그렇다면 질문받는 사람이 "좋은 질문입니다"라고 말할 수 있는 질문은 어떤 질문일까요?

저는 강연 후 질문을 받았을 때, 제가 중요하고 소중하게 여기는 내용, 즉 핵심을 말할 수 있게 하는 질문을 받으면 "좋은 질문이네요"라고 화답합니다. 이 질문은 다시 말하면 '핵심을 담은 질문'입니다. 왜냐하면 상대의 말을 명확하게 파악하지 않으면 절대 던질 수 없는 질문이기 때문입니다. 이런 질문을 던졌다는 것은 강연자가 강의를 잘 전달한 것이기도 하고, 질문자가 온 힘을 다해 강의를 들었다는 말이기도 하지요. 특히 누군가의 신념, 철학, 삶의 방식에 대해 진심으로 궁금해서 던지는 질문이 여기에 속합니다.

상대에 대한 고민과 사유를 담았을 때

"타인에 대한 글을 쓸 때 글쓰기가 권력처럼 느껴지곤 합니다. 작가님은 다양한 사람들을 만나 인터뷰를 나누고 이를 글로 쓰셨는데, 그 글쓰기라는 권력을 어떻게 다루고자 노력하시는지 여쭙고 싶습니다."

책 《글쓰기의 최전선》, 《쓰기의 말들》 등으로 유명한 은유 작가는 이 질문을 기억에 남는 질문 중 하나로 꼽았는데요. 늘 작은 자, 약한 자들의 이야기를 쓰는 은유 작가지만, 그녀는 이제 유명 작가이기에 그의 글은 힘을 가지게 됐습니다. 아이러니한 상황이지요. 아마 은유 작가는 자신의 정체성을 지키기 위해 늘 자신의 글쓰기가 권력이 되는 것을 경계할 것입니다. 은유 작가는 이렇게 답변합니다. "권력자가 아니라 협업자, 진실을 전달하는 일을 함께하는 동료라는 자리를 지키기 위해 인터뷰를 하는 이유와 의미를 충분히 전달하고, 인터뷰가 글로 만들어진 후 글을 보여드리는 절차를 거칩니다."

저도 은유 작가에게 공감에 대한 질문을 직접 한 적이 있습니다.

김혜민 저도 타인에 대해 공감하려고 애쓰고, 공감을 바탕으로 질문하는 일을 수행하려고 노력합니다. 하지만, 가끔씩 '나의 공감이 진짜일까?' 하는 고민과 함께, '내가 공감하고 약자들의 이야기를 전달한다고 세상이 바뀔까?'라는 자괴감이 들 때가 있습니다. 작가님도 같은 고민을 하셨나요?

작가님은 자신 역시 늘 같은 고민을 한다고 동조하면서, 단지 자신은 목격자로서의 소임을 다할 뿐이라고 답했습니다. 저나 앞의 질문자나 은유 작가와 개인적 친분이 있어서 이런 질문을 한 것이 아닙니다. 그저 그녀의 책을 여러 권 읽고 행보를 관심 있게 지켜본 사람이라면 누구든 작가가 뭘 소중히 여기는지 알아차릴 수 있고, 그 사람의 가치에 대해 궁금해집니다. 이처럼 연사가 중요하게 여기는 내용을 말할 수 있게 하는 질문을 하려면 상대에 대한 고민과 사유가 있어야 합니다. 사랑하면 보이기 마련입니다.

핵심 포인트 이해하기

동물생태학자 최재천 교수의 강의를 들었을 때의 일입니다. 교수님은 리처드 도킨스의 《이기적 유전자》가 자신의 연구와 강의의 기준이 됐다고 설명했습니다. 《이기적 유전자》의 핵심은 모든 생명체는 자기의 유전자를 후세에 남기려는 이기적인 행동을 위해 존재한다는 겁니다. 그런데 최 교수님은 늘 공존과 생존, 협력만이 생명체의 살길이라며, 손잡지 않고 살아남는 생명은 없다고 주장합니다. 저는 이 두 주장이 상반되는 것이 아니냐고 질문했습니다. 교수님은 유전자 입장에서도 이타적인 선택이 많다며, 유전자의 이기적인 행동은 협력을 설명할 수 있는 가장 막강한 것이라고 설명했습니다. 즉, 리처드 도킨스의 주장 역시 자신의 의견과 같은 맥락이라는 겁니다. 교수님은 "안 그래도 사람들이 이런 오해를 많이 해서 꼭 한번 설명하고 싶었다"라고 하시며 이 질문을 반가워했습니다.

개인적으로 대화를 나눌 때 나의 소중한 점을 말할 수 있도록 질문을 던져준다면 얼마나 좋을까요? 혹은 회사에서 새로운 프로젝트에 대해 발표할 때, 발표자가 핵심적으로 전하고 싶은 메시지와 관련된 질문을 던진다면 발표자는 얼마나 고마워할까요? 핵심 메시지를 파악하는 것은 메시지를 전달하는 사람의 마음과 생각을 읽은 겁니다. 이후에 나오는 질문들은 질문을 받는 사람의 마음을 벅차게 할 수밖에 없습니다.

회사에서 프로젝트를 맡아 기획서를 쓰거나 발표 자료를 만들 때도 마찬가지입니다. 이 프로젝트를 의뢰한 (혹은 지시한) 사람은 어떤 질문에 대한 답을 얻고 싶은 것일까, 그의 마음을 먼저 파악하려고 한다면 핵심을 발표 내용에 넣을 수 있습니다. 상대가 중요하고 소중하게 여기는 내용, 즉 핵심을 말할 수 있게 하는 질문 하나로 당신은 사람의 마음과 프로젝트의 핵심 포인트를 찰떡같이 이해하는 사람으로 등극하게 될 것입니다.

이야기를
확장시킨다

2020년 11월 17일, 〈YTN라디오 생생경제〉에서 저는 업사이클링 브랜드 '모어댄'의 최이현 대표와 인터뷰를 했습니다. 단순히 제품의 기능이나 디자인에 대한 질문을 넘어서, 업사이클링을 선택한 이유와 그 과정에서의 어려움, 그리고 사회적 기업으로서의 가치에 대해 물었습니다. 청취자들은 모어댄의 제품뿐만 아니라 창업자의 철학과 업사이클링이라는 개념에 대해 이해할 수 있었습니다. 또한 벤처기업협회 혁신벤처정책연구소의 이정민 부소장과 제2의 벤처 붐에 대해 인터뷰했는데요. 이때는 단순히 벤처기업의 성공 사례를 나열하는 것이 아니라, 도전과 실패의 가치 그리고 이를 통해 얻은 교훈을 말할 수 있는 질문들을 던졌습니다.

제품이나 기업을 소개할 때 단순한 질문들은 단편적인 정보만 전할 수 있습니다. 반면에 이야기를 확장할 수 있는 질문은 그들의 도전과 현재, 의미를 담은 대화로 이어질 수 있습니다. 어떻게 질문으로 이야기를 확장할 수 있을까요?

꼬꼬무 스타일의 질문을 던져라

저는 〈꼬리에 꼬리를 무는 이야기〉(이하 꼬꼬무)라는 프로그램을 좋아합니다. 이 프로그램은 이미 알려진 이야기를 전하는, 별다른 것 없는 포맷으로 진행됩니다. 이미 알려진 사건사고를 여러 명이 자신이 가진 개성과 지식과 언어로 누군가에게 전달합니다. 하지만 기존 프로그램들과의 차별점은 여러 스토리텔러 중 똑같은 소재를 가장 효과적으로, 재미있게 말한 사람의 내용만을 모아 편집하는 것입니다. 전달하는 이야기는 하나인데 전달하는 사람이 여러 명이다 보니, 놀랍게도 다양한 이야기를 듣는 것 같습니다. 질문도 마찬가지입니다. 좋은 질문은 한 가지가 아닌 여러 주제로 확장 시킬 수 있는 풍성함을 가지고 있습니다.

〈꼬꼬무〉에서 재미있고 힘 있게 이야기를 이끌어 가는 스토리텔러를 보면 질문을 다양한 형태로 잘 활용합니다. 무조건 이야기만 전달하는 것이 아니라, 듣는 사람에게 적절한 질문을 던지면서 이야기를 끌어가죠. 장항준 감독이 던지는 질문은 늘 재치가 묻어있습니다. 심각한 주제여서 듣는 사람이 긴장을 가득한 것 같을 때는 재치 있는 질문 하나를 툭 던지며 분위기를 부드럽게 만듭니다. 반면 배우 김현성 씨의 질문에는 진지한 성찰이 담겨 있습니다. 듣는 사람이 지금 나누고 있는 이야기 너머까지 생각하게 하는 힘이 담긴 질문입니다. 개그우먼 장도연 씨는 늘 상대의 의견을 묻는 질문을 던지더군요. 일방적으로 이야기를 하는 것이 아닌 청자와 함께 이야기를 끌고 가는 분위기를 만들어냅니다. 이처럼 이들의 질문은 다음 이야기를 끌고 가기 위한 장치입니다. 이 질문이 긴 호흡의 이야기를 끌고 가는데 쉼표가 되기도 하고, 물음표나 느낌표가 되기도 합니다. 이들의 '꼬꼬무식 질문' 스타일을 잘 기억해 두세요.

〈좋은생각〉이라는 월간지에는 매일매일 삶에 지표가 될 수 있는 짧은 글들이 담겨 있습니다. 그리고 본문 밑에는 "당신의 삶 속에서 변화해야 할 것은 무엇입니까?", "화해해야 하는 사람은 누구입니까?" 등의 질문이 적혀있습니다. 이 글이 그저 필자의 좋은 생각을 읽는 것에 그치는 것이 아니라, 잡지 독자의 삶을 바꾸는 동력으로 삼을 수 있도록 구체적인 질문이 사용되는 겁니다. 이게 바로 꼬꼬무식 질문이에요. 좋은 질문은 이야기를 확장시켜 타인과 풍성한 이야기를 나눌 수 있게 함은 물론, 나의 내면을 깊게 하는 역할까지 합니다.

'나'에서 '우리'로 확장해 보기

《몸, 살아내고 말하고 저항하는 몸들의 인류학》의 저자이자 의료인류학자인 김관욱 작가의 〈몸을 모르는 사회〉라는 강연을 들었습니다. 몸과 관련한 의료인류학자의 다양한 관점을 접할 수 있어서 흥미로웠는데요. 강연의 핵심은 '몸'은 생물학적인 존재만이 아니라 문화 사회적으로 굉장히 연결돼 있고, 국가와 사회의 가치에 따라 몸의 쓰임새와 인식도 달라진다는 겁니다. 영국과 같은 1차 세계대전을 겪은 국가들은 국가가 개인의 몸을 통제하는 것에 대해 당연하게 받아들인다는 예도 들었습니다.

'몸이 사회와 유기적이라고? 영국도 그러했다고? 그러면 대한민국은 식민지 지배와 군사독재까지 경험했잖아. 그럼 한국 사람에게 몸은 어떤 존재일까?' 강연을 들으며 생각이 꼬리에 꼬리를 물었습니다. 그래서 질문을 던졌습니다.

"우리는 오랜 시간 신분제, 일제강점기, 군사독재 시대를 살았습니다. 이렇게 자신의 몸을 억압하는 경험을 많이 했는데, 지금의 대한민국 사람들은 자신의 몸을 어떻게 인식하는 것일까요?"

이어서 한 가지 질문을 더 했습니다. 몸에 대해 누구보다 연구하고 사유한 학자이니, 안락사와 자살에 대한 김관욱 작가의 의견이 궁금했거든요. 그는 깜짝 놀라며 이 두 주제가 자신의 다음 책 내용이라고 말했습니다. 저의 꼬꼬무 질문이 작가의 확장된 사고를 따라갈 수 있게 해준 겁니다.

꼬꼬무식 질문은 아이들이 하는 시장 놀이와 비슷합니다. "시장에 가면, 수박도 있고", "시장에 가면 수박도 있고, 사과도 있고", "시장에 가면 수박도 있고, 사과도 있고, 오렌지도 있고" 앞사람이 어떤 품목을 말했는지 잘 듣지 않으면 절대 게임을 이어갈 수 없죠. 그것처럼 대화를 나눌 때 상대방의 이야기를 잘 듣고, 그 이야기에 새로운 질문으로 살을 붙여 가는 꼬꼬무식 질문을 던져보세요. 질문이 어떻게 이야기를 확장하고, 또 다른 담론으로 연결되는

지를 보실 수 있을 겁니다.

기자는 질문하는 직업입니다. 어떤 질문을 하느냐가 곧 어떤 기사를 쓰느냐를 결정합니다. 탐사보도 전문 매체 〈진실탐사그룹 셜록〉의 박상규 기자는 다른 기자가 쓰지 않는 내용을 씁니다. 보통 기자가 하지 않는 질문을 던지거든요. 2021년, 한 언론사에서 "'아들아' 소리도 외면… 중병 아버지 굶겨 사망케 한 20대 아들"이라는 기사가 나왔습니다. 많은 사람들이 이 기사를 보고 기사 속 아들을 패륜아라고 비난했는데요. 이때 박상규 기자는 "오죽하면 아들이 아버지를 죽였을까? 뭔가 불가피한 사정이 아들에게 있지 않았을까?"라는 남다른 질문을 가졌습니다. 그리고 교도소에 있는 아들 강도영 군(가명)과 직접 편지를 주고받으며, 이 사건 뒤에는 초고령 사회에서 젊은 나이부터 부모를 돌보는 청년들, '영 케어러 young carer' 문제가 핵심임을 발견했습니다.

저는 박상규 기자와 꼬꼬무식 질문을 던지며 관련 인터뷰를 나눴습니다. 먼저 박상규 기자에게 왜 남들이 전혀 하지 않은 질문을 던지게 됐는지, 그리고 어떤 방법으로 취재를 했는지 물은 후에 이 질문을 던졌습니다.

김혜민 강 군과 주고받은 편지 안에 얼마나 절절한 이야기들이 들어 있을지 한번 풀어가 보겠습니다. "조만간 이런 사건은 너무도 흔해서 뉴스도 안 될 수도 있다. 한국은 초고령 사회 진입을 목전에 뒀고, 직업 없는 청년은 가난하며, 박스 찾아 거리를 헤매는 노인은 가을의 낙엽처럼 너무도 흔하니까 말이다. 패륜과 인간의 도리. 원망과 동정으로 다 설명하기 어려운 어느 가족 이야기를 지금부터 시작한다"라고 쓰셨습니다. 도영 씨의 이야기를 좀 들어볼게요. 기자님은 어떤 상황과 환경에서 이 비극이 시작된 거라고 보세요?

비극의 시작이 무엇이었을까? 이 질문이 바로 박 기자가 기사를 쓰게 한 힘입니다. 아들이 아버지를 죽일 수밖에 없었던 진짜 이유를 묻는 질문 말입니다. 도영 씨는 초등학교 1학년 때 이후 엄마의 얼굴을 본 적이 없었고, 아버지와 둘이 살았습니다. 아버지가 갑자기 쓰러지면서 병원비 2천만 원이 청구됐고, 21살의 아들이 가정 경제와 아버지 간병을 책임져야 하는 상황이었죠. 결국 도영 씨는 쌀조차 살 수 없는 형편까지 됐습니다. 그러나 이 인터뷰가 강도영 개인의 상황에만 초점을 맞추면 안 됩니다. 개인의 비극사로만 끝나면 안 되니까요. 영 케어러의 문제는 개인이 아닌 사회의 책임이라는 담론을 이끌어내야만 했습니다. 그래서 저는 이렇게 물었습니다.

김혜민   아까 기자님도 말씀하셨지만, 대한민국에서 쌀을 못 사서 누군가에게 2만 원을 요청하는 일이 일어났다 하셨어요. 지원을 받을 수 있는 방법이 전혀 없었습니까?

'대한민국에서 아직도 굶는 사람들이 있다고? 지원은 왜 못 받은 거야? 그러면 제도가 잘못된 거 아니야?'라는 이 질문은 개인 강도영의 비극에서 영 케어러라는 사회적 문제로 확장될 수 있는 다리가 돼줍니다. 이 질문을 통해 대중들은 '영 케어러는 개인의 문제가 아니잖아. 나도 늙어서 돈 없고 힘없으면 내 자녀도 도영이 같은 처지가 될 수도 있는데. 그러면 나라가 도와줘야지' 혹은 '우리 아빠도 일하다 쓰러지면 내가 챙겨야 하는데, 아직 직장도 없는 내가 뭘 할 수 있겠어'처럼, 때론 도영의 아버지에게 때론 도영에게 감정이입을 할 수 있게 됩니다. 이제 문제는 공론화됩니다. 다음으로 해결 방법을 찾는 질문을 던져봐야죠.

김혜민   이 청년의 삶을 통해 우리가 바꿔야 할 여러 가지 모습들을 보게 됩니다. 도영 씨 같은 경우를 '영 케어러'라고 하더라고요. 그래서 일본과 서구 선진국에서는 법적으로 이미 지원을 하고 있다고 하던데요. 어떤 내용입니까?

이미 앞서 우리와 같은 문제를 겪고 해결책을 찾아가는 사례에 대한 질문은 대안의 시작이 될 수 있습니다. 해외 사례를 묻는 질문은 대안을 찾는 대표적인 질문 중 하나입니다.

"왜 도영 씨는 그럴 수밖에 없었을까?", "사회는 청년에게 어떤 시스템을 제공했는가?", "이 문제를 지금도 겪고 있는 또 다른 도영 씨들은 어디에 있을까?"

이렇게 질문을 확장하는 순간, 사람들의 시선이 '가해자 개인'에서 '사회적 구조'로 옮겨갑니다. '꼬꼬무 질문'의 가장 큰 힘은 여기에 있습니다. 한 사람의 이야기로 시작했지만, 결국 그 질문이 또 다른 사람의 목소리를 불러오고, 수많은 질문자들이 생겨나게 되는 것이죠.

이처럼 꼬꼬무 질문은 이야기와 생각을 확장시킬 수 있는 효과적인 방법입니다. 직장에서, 학교에서 꼬꼬무 질문으로 이야기를 이어가며 답을 찾아가 보세요. 분명 다른 사람과는 차별화된 관점으로 문제를 바라보고 해결책을 찾아낼 겁니다.

마지막은 다시
사람에게 집중하라

꼬꼬무 질문으로 이야기를 확장시켰다면, 마지막은 질문을 받는 사람에 대한 질문을 던지세요. 박상규 기자의 이야기를 들으며 저는 사건을 대하는 그의 태도, 취재를 하면서 일어나는 그의 일상을 꼭 물어봅니다. "그래서 그 일을 취재하면서 기자님은 어떤 게 제일 힘들었어요?", "전에 기자님이 취재했던 ○○사건 있잖아요. 그 사건 취재할 때랑 이번 사건은 뭐가 달라요?" 등 사건이 아니라 취재하는 기자가 주체인 질문들 말이죠. 왜냐하면 '나는 사실 사건보다 이 사건을 취재하는 당신에게 관심이 많다'라는 것을 꼭 말해주고 싶거든요. 질문을 통해 그에게도 충분히 이런 저의 진심이 전달되겠죠? 질문을 상대방의 세계를 존중하고 깊이 연결되기 위한 행위로 여긴다면, 당신이 하는 질문은 결국 관계를 만들 겁니다.

직장생활 중에도 마찬가지입니다. 내게 일을 지시하는 사람에게 일뿐 아니라 이 일을 내게 시키는 이유, 이 일을 그가 지금 어떤 마음으로 바라보고 있는지 한번 물어보세요. 생각지도 못했던 상대방의 의중을 알 수 있을 것입니다. '내가 하는 일 이전에, 그 일을 하는 나에게 관심을 가져준다.' 진심은 이야기를 한없이 확장 시킬 것이 분명합니다.

〈유 퀴즈 온 더 블록〉(이하 유퀴즈) 출연자를 보면 크게 지식을 전달하는 사람과 인생을 말해주는 사람, 두 종류로 나눌 수 있습니다. 인생 자체가 스펙인 사람이 있죠.《나는 희망의 증거가 되고 싶다》의 서진규 씨,《지선아 사랑해》의 이지선 씨가 대표적입니다. 이들에겐 이들의 직업과 관련된 전문 지식을 질문하지 않습니다. 그저 살아온 이야기를 묻습니다. 반면 빈대에 대해서는 빈대 전문가에게, 이스라엘 전쟁은 국제정세 전문가에게 물어봅니다. 반대로 이분들에게는 개인사는 물어볼 필요가 없죠. 하지만 유재석은 늘 묻습니다. "왜 그 일을 하게 됐나요?", "그 일을 하면서 무슨 보람을 느끼나요?" 저는 전문가가 왜 이 일을 하게 됐고, 어떤 마음으로 이 일을 연구하고 수행하는지를 알게 되면, 그 사람이 말하는 지식에 더 신뢰가 가더라고요. 저는 이런 질문이 유퀴즈와 유재석의 힘이라고 생각합니다.

기억하세요. 지식과 객관적 사실에 대한 질문이 필요한 상황일지라도 상대방의 세계를 궁금해하는 한두 개 정도의 가벼운 개인적 질문은 더 넓게 이야기를 확장시킬 수 있다는 것을요. 상대방의 직업이나 지식을 넘어, '그 일을 하는 당신'에 대한 진짜 궁금증을 담은 질문은 '당신을 존중합니다'라는 작은 헌사가 될 수 있으며,

이후의 대화는 훨씬 부드럽고 따뜻하게 이어질 것입니다. 결국 질문은 답을 얻는 기술이 아니라 사람을 만나는 예술입니다.

한 번 더
생각하게 한다

저는 강연을 한 후 청중들의 질문을 받는 시간을 좋아합니다. 질문은 제 강연에 대한 청중들의 응답이기 때문입니다. 혹시 발표나 강의를 한 후에 잘했는지 스스로 의문이 든다면, 받은 질문의 수준을 살피시면 됩니다. 질문의 무게가 있을수록 강의 내용이 듣는 사람의 마음에 더 깊이 다가갔다는 뜻이며, 질문의 범위가 넓다면 강연이 더 친밀하게 느껴졌다는 말이기도 합니다. 만약 청중이 자신의 고민에 관한 질문을 한다면, 저의 메시지에서 답을 얻을 수 있다는 확신을 가졌단 뜻이고요.

2024년 2월, 한 북카페에서 〈우리는 지금 괜찮은 어른이 되었을까〉라는 주제로 강연을 했습니다. 지금보다 괜찮은 어른이 되기 위해 우리는 지금 무엇을 할 수 있는지에 대한 고민을 담은 내용이었는데요. 이날 유난히도 좋은 질문들이 많이 쏟아졌습니다. '친절이 무기다'라는 내용을 들은 한 참가자는 회사생활의 고민을 말하면서 "친절한 사람은 되고 싶지만 호구는 되고 싶지 않다"며 이 둘의 차이에 대해 질문했습니다. 제 강연을 듣고 '나도 친절해 볼까?'라는 결심이 들었기 때문에 이런 질문을 할 수 있는 것이니, 강연자로서 기분이 좋았습니다. 다른 분은 장애인을 위한 숙박 소개 앱을 만드는데, 지치지 않고 가치 있는 일을 계속할 수 있는 힘에 관한 질문을 던지셨지요. 이분 역시 제 강연을 통해 가치지향적인 자신의 삶이 옳다는 확신을 얻으신 겁니다.

어렵고 불편한 질문

많은 질문 중 기억에 남는 질문은 한번 더 고민하고 생각하게 하는 질문입니다. 그런데 이런 류의 질문은 보통 어렵고 불편한 질문일 가능성이 큽니다. 아직 답을 찾지 못했거나 나도 잘 모르겠는, 미제사건 같은 느낌의 질문이죠. 그렇기에 오히려 이런 질문을 해주는 질문자에게 감사한 마음이 듭니다. 이날도 한 참석자가 제게 어려운 질문을 주셨습니다.

"여러 사회 문제를 향한 작가님의 시선은 굉장히 긍정적이고 희망적입니다. 하지만 사실 우리 주변에는 희망과 소망을 말할 수 없는 처절한 개인들이 있지 않나요? 그들에게 어떤 말을 해줄 수 있을까요?"

이 질문을 듣고 저는 가슴이 콱 막혔습니다. 만약 생존과 생계가 어려운 사람이 "우리 괜찮은 어른이 됩시다"라는 제 메시지를 들으면 어떤 생각이 들까, 세상의 차별과 혐오를 받는 사람들에게 이런 말이 또 다른 폭력이 되지 않을까? 이러한 두려움이 사실 제 안에 있었습니다. 그래서 이 주제로 강연할 때마다 이 질문이 가시처럼 저를 따라왔지만, 아직 명확한 답변을 찾지 못한 상황이었습니다. 이럴 때 할 수 있는 일은 솔직해지는 겁니다.

"어려운 질문이에요. 그리고 제가 매일 하는 질문인 동시에 아직도 답을 얻지 못한 질문입니다. 제 안에는 늘 민망함과 무력함이 있어요. 괜찮은 어른이 되자는 저의 메시지가 말 잔치가 아닐까? 정규직, 비장애인, 이성애자인 나는 사회로부터 단 한 번도 혐오 받거나 배척받은 적이 없는 사람인데, 내가 희망과 소망, 낙관에 대해 말할 자격이 있을까? 저들에게 일어난 일이 나에게 일어난

다면 나는 절대 희망적이지도 긍정적이지 못할 텐데 말이죠."

부끄럽게도, 그럼에도 괜찮은 어른이 되어야 한다고, 희망과 긍정을 버리면 안 된다고 말할 수 있는 근거와 논리를 아직 못 찾았기에 명쾌한 답변은 드릴 수 없었습니다.

"그래서 전 그런 분들께 아무 말도 할 수 없어요. 선생님의 질문에도 답변할 수 없습니다. 감히 살아 보지도, 겪어 보지도 못한 절망에 희망을 말할 수 없다는 현실을 인정하고, 이것이 작가로서 강연자로서 저의 한계임을 알고 겸손하고 염치 있게 살고 싶습니다."

감사하게도 저의 무기력한 답변을 들은 한 참가자는 "답변을 듣는데 몇 년 전, 제가 너무 힘들었을 때가 떠올라 위로가 되어 울컥했습니다"라고 말했습니다. 왜 저의 답변이 그분에게 위로가 되었는지는 정확히 모릅니다. 하지만 감히 타인의 고통에 쉽게 아는 척하지 않겠다는 저의 작은 의지가 진심으로 다가가지는 않았을까 싶어 조금은 어깨가 펴졌습니다.

순간 위로를 받는 것에서 끝나면 저는 한 발자국도 더 나아갈 수 없겠죠. 그래서 저는 대답하지 못한 질문의 답을 얻기 위해, 또 누군가에게 같은 질문을 받았을 때 조금은 더 나아가는 답변을 하고 싶어서 답을 찾기 위해 노력했습니다. 그리고 책에서 다음 문구를 발견했습니다.

> 학생 시절, 우리가 영적인 경험을 묘사하면서 했던 말들을 이제 와서 떠올려 보면 대부분 무슨 뜻인지 알 수 없는 말들이었던 것 같다. (중략) 그 교리 가운데 우리가 예상했던 방식대로 효력을 발휘한 것은 하나도 없었다. 치매에 걸려 용변도 제대로 가리지 못하는 괴팍한 부모를 돌보는 사람에게 성령 충만한 삶을 설명하는 것은, 마치 잉카 유족을 두고 '도구는 알지만 기계는 알 수 없다'라는 말로 설명하는 것과 똑같다. 이 언어들은 의미를 제대로 전달하지 못한다.
>
> _필립 얀시,《아, 내 안에 하나님이 없다》중에서

작가인 필립 얀시 역시 '처절한 현실을 온몸으로 살아내는 사람들에게 하나님의 뜻이 무슨 힘이 있을까'라는, 저와 비슷한 결의 고민을 한 겁니다. 그 역시 '나는 고통받는 자들 앞에서 어떤 말도 할 수 없다'라는 솔직한 말로 답변했습니다. 그래서 저는 비슷한 질문을 받았을 때 이 책의 내용을 소개했습니다. 저도, 세계적인 영성가인 그도 이 질문 앞에서는 섣부르게 어떤 답도 할 수 없는 것이 답이라고요. 아마 저는 계속해서 그 답을 얻기 위한 노력을 할 것입니다.

불편한 질문이
성찰로 나아갈 수 있도록

자살 유가족 소재웅 작가는 엄마를 자살로 잃고 말할 수 없이 고통스러운 시간을 보내다가 엄마의 삶과 죽음을 글로 쓰며 애도의 시간을 보냈습니다. 엄마의 마지막을 이해할 수도, 받아들일 수도 없었던 그는 이 과정을 통해 엄마를 비로소 아름답게 기억할 수 있게 됐습니다. 소재웅 작가의 강연 중 청중 한 분이 이런 질문을 던졌습니다.

"정말 조심스럽게 드리고 싶은 질문이 있어요. 작가님처럼, 꼭 그렇게 어머니를 아름답게 기억해야 하는 건가요?"

"엄마를 떠나보내고 3년 반이 지난 지금, 그러니까 지금의 저에게 있어서 엄마를 수식할 수 있는 가장 적절한 형용사는 '아름다운'인 거 같아요. 그리고 이건 어쩌면 엄마를 위한 형용사가 아니라, 저를 위한 형용사가 아닐까 싶어요. 시간이 흘러 10년이 지나고 나면 다른 형용사를 붙일 수도 있겠죠. 어쩌면 이 형용사가 누군가에겐 낯설고, 어떤 면에서는 무척 생소한 형용사일 수 있다고 생각합니다. 그래서 매번 유가족분들께 이 형용사를 나눌 땐, 무척이나 조심스럽기도 해요."

그도 압니다. 모든 유가족이 먼저 떠난 가족을 자신처럼 적극적으로 애도하고 기억할 수 없다는 것을요. 또한 자신의 경험이 어느 유가족에게는 상대적 박탈감을 느끼게 할 수도 있다는 것을요. 그렇기에 이 질문은 그에게 또 다른 고민거리를 던져주는 좋은 질문이 되는 겁니다.

2023년, 고양시 노동대학에서 〈우리가 알아야 하는 진짜 경제 뉴스〉라는 제목의 강연을 했습니다. 제가 〈YTN라디오 생생경제〉라는 프로그램을 제작 진행하면서 느꼈던 우리나라 노동시장의 문제, 노동자들의 지위에 대해 이야기를 나누는 자리였습니다. 이 강연에서 저는 몇 년 전 급식 노동자들의 파업 때 했던 인터뷰를 소개하며 노동자들을 '여사님'이라고 호칭했는데요. 이때 한 분이 손을 들고 질문을 하셨습니다. "피디님. 여사님이라는 호칭이 적합한가요?"

맞아요. '여사님'이란 호칭은 적합하지 않습니다. 저도 알았지만 적합한 용어를 찾지 못하고 강의를 했는데, 딱 그 질문을 하시는 겁니다. 솔직하게 "모르겠다"라고 답하고 강의를 마쳤습니다. 하지만, 이 질문의 답을 저는 찾아야 했습니다. 그래서 우리 사회 언어의 적합성에 대해 늘 고민하는 《언어의 줄다리기》의 저자 고려대 신지영 교수에게 질문을 했습니다.

김혜민 교수님, 여성 노동자를 부를 때 보통 '여사님'이라고 하잖아요. 청소 여사님, 식당 여사님 등등이요. 여사님 말고 부를 수 있는 호칭이 없을까요? '이모님'도 너무 싫고요.

신지영 '선생님'이 가장 보편적인 호칭이긴 합니다. 성별 중립적이고, 직업 차별적이지 않고요. 여사님과 이모님은 모두 직업에 대한 성별 고정관념을 심어줄 수 있습니다. 택배 아저씨처럼요.

김혜민 아, 선생님이라고 하면 되겠네요! 그런데 저도 몇 번 선생님이라고 호칭해 봤는데 상대가 부담스러워해요.

신지영 그럼 뭐라고 부를지 알려달라고 하면 되죠. 물어보지 않았는데 부담스러워하는지 어떻게 알겠어요?

물어보면 된다. 이렇게 간단하고도 명확한 방법을 실천하지 못했네요. 저는 고양시 노동대학 사무실로 전화해 질문을 한 분께 제가 받은 답을 꼭 전달해 달라고 부탁드렸습니다. 그리고 이후 저는 이모님, 여사님이라는 호칭 대신 선생님이라는 호칭을 사용하고 있습니다. 이처럼 질문 받은 사람을 공부하게 하는 질문은 좋은 질문입니다.

저도 질문 받는 사람이 깊은 고민을 하게 하는 질문을 던진 적이 있습니다. 저는 아들, 딸이 어릴 때부터 아이들의 성기에 대한 명확한 호칭을 알려주고 싶었습니다. 여자의 성기를 잠지, 소중이 등으로 부르는 게 싫었거든요. 그래서 딸의 어린이집 선생님께 "선생님, 여자아이들의 성기는 무엇이라 부르나요?"라고 질문을 드렸습니다. 선생님은 굉장히 당황하시더니 한 번도 받아보지 못한 질문이라며 왜 그런 질문을 하냐고 되물으셨습니다. 저는 성기는 몸의 일부인데 특별히 애칭을 붙이는 것, 특히 여성의 성기에만 유독 그렇게 하는 것은 올바른 성교육이 아니라고 생각해 고민하게 됐다고 답했습니다. 선생님은 교사로서 엄마로서 자신도 깊이 고민해 보겠다고 제게 약속하셨습니다.

 이후 저는 계속 답을 찾기 위해 고민했고, 왜 내가 이 고민을 하는지에 대해서도 생각해 봤습니다. 그리고 처음 이 질문을 던진 지 10년이 지난 2024년, 서울시 성문화센터의 부모 성교육 과정을 이수했습니다. 교육을 들으며 저와 같은 고민을 갖고 계신 분들이 많다는 걸 알았습니다. 그리고 여성에게 특히 보수적인 성문화, 여성의 몸을 임신과 출산의 기능만 강조하는 성교육 등이 원인임을 알 수 있었습니다. 10년을 가지고 있던 질문의 답을 찾았으니, 제가 얼마나 기뻤겠어요?

 이렇게 좋은 질문은 질문을 받은 사람이 자신과 자신의 콘텐츠에 대해 깊이 성찰하게 만듭니다. 이렇게 상대를 성장시키는 좋은 질문을 던지는 사람이라면 어느 조직에서든, 누구든, 함께 일하고 싶지 않을까요? 이런 질문자라면, 나의 내면에 깊은 고민까지도 꺼내놓고 함께 논의하고 싶을 정도로 신뢰를 줄 수 있을 것입니다. 이것이 좋은 질문의 힘입니다.

세상을
더 나아지게 한다

"첫 번째 판단은 버려라. 그것은 시대가 네 몸을 통해 판단한 것이다." 니체의 말입니다. 질문의 여러 이점 중 하나는 당연하다고 여기는 것들에 틈을 내는 시작점이 된다는 것입니다. 역사는 한 사람이 가진 질문이 단순한 호기심을 넘어 획기적인 변화를 이끌어 낼 수 있음을 증명합니다. "질문을 멈추지 않는 것이 중요하다"라는 말을 남기기도 한 아인슈타인의 "시간과 공간은 절대적인가?"라는 질문은 기존의 물리학을 뒤흔들었고, 천동설에 대한 질문으로 연구를 시작한 코페르니쿠스 덕에 지구가 돈다는 사실을 발견했습니다. 마틴 루서 킹 주니어의 "우리는 왜 차별받아야 하는가?"라는 질문은 시민권 운동을 촉발시켰고, 스티브 잡스의 "우리는 더 나은 제품을 만들 수 있는가?"라는 질문은 아이폰을 만들었습니다. 이렇게 세상을 더 좋은 방향으로 이끌고 가는 질문이 있습니다.

질문이 모여 변화를 이끈다

의료인류학자 김관욱 작가는 몸에 관련된 다양한 사유를 하는 연구자입니다. 그는 병원에서 의사로 근무하면서 병이 아닌 몸에 관심을 갖게 됐고, 새로운 질문들을 가지게 됐습니다.

> 병원 안에서는 아파서 일할 수 없는 사람들을, 병원 밖에서는 일을 하다가 아픈 사람들을 보면서 어디서부터 잘못된 것인지 생각하기 시작했다. 질문이 던져지지 않는 세상에서 질문을 찾기 위해 병원 진료실을 뒤로하고 인류학 현장으로 나왔다.
> _《몸, 살아내고 말하고 저항하는 몸들의 인류학》, 작가 소개글 중에서

그는 질문의 답을 찾기 위해 몸에 대한 철학적 탐구를 펼쳤고, 몸과 권력의 상관관계를 연구했습니다. 그러다 보니 자연스럽게 그의 시선은 몸으로 일하는 노동의 현장, 몸에 갇힌 장애인들, 몸에 새겨진 국가 폭력의 상흔으로 향했습니다. 저는 그의 책과 강의를 접하며 몸에 대한 새로운 인식과 관찰을 시작했습니다. 그의 질문 덕에 저는 더 넓어진 시각과 몸에 대한 전혀 다른 서사를 배우게 된 것입니다.

'가장 인문학적인 미래학자'라고 불리는 미래학자 후안 엔리케스의 책 《무엇이 옳은가》를 읽으면서는 미래를 향한 발전 속에서 인류가 놓치지 말아야 하는 질문에 대해 배웠습니다. 그는 '인간을 다시 설계하는 것은 옳은가? 기술이 윤리를 바꾸는 것은 옳은가? 어제의 세계는 지금도 옳은가? SNS 속 무제한 자유는 옳은가?' 등의 질문을 우리에게 던집니다.

> 과거 세대가 했던 행동들을 비판하고자 할 때 지금 진행되는 윤리적 차원의 여러 갈등을 바라보며 스스로에게 이런 질문을 던지는 게 이치에 맞다. 가만, 내가 왜 이걸 당연한 것으로 너그럽게 받아들이는 걸까? 과거에 저질러진 잘못들에 대해선 그토록 분개하면서, 정작 지금 저질러지고 있는 온갖 윤리

적 참사에 대해 나는 과연 어떤 행동을 취하고 있는 거지?

_후안 엔리케스, 《무엇이 옳은가》 중에서

이 책의 부제는 '궁극의 질문들, 우리의 방향이 되다' 입니다. 이런 질문들은 브레이크 없이 질주하는 인류에게 노란불을 켜줍니다. 잠시 멈춰 질문을 곱씹고 답을 생각하다 보면 다시 방향을 수정하기도 하고, 속도를 조율하기도 합니다.

이처럼 질문은 기존의 사고방식과 관습에 도전하며, 사회적 변화를 이끕니다. 정치, 사회, 경제, 문화, 과학 등의 발전은 질문의 수준과 양에 비례한다고 해도 과언이 아닙니다. 《질문 빈곤 사회》를 쓴 강남순 교수는 질문하기를 통해 인간은 자신의 인식 세계를 넓힘은 물론 타자와 세계를 보는 시각 또한 확장했다고 말합니다. 이러한 발전은 사회정치적이고 제도적인 발전과 맞닿아 있다며, 노예제도의 폐지, 인종에 대한 제도적 차별의 폐지, 여성에 대한 제도적 성차별의 인식과 개선 등의 변화는 새로운 질문을 묻기 시작하는 이들에 의해 가능하게 됐다고 강조합니다.

그래서 저는 사회과학 서적을 자주 읽습니다. 세상을 나아지게 하는 질문들이 가득 차 있거든요. 사회학자 오찬호 작가는 《세상 멋져 보이는 것들의 사회학》이라는 책에서 인류가 당연하게 누리고 있는 것들에 대해 "정말 멋진 거 맞아?"라는 질문을 던집니다. 예를 들면 '편리한 플라스틱, 진짜 괜찮은가? CCTV 때문에 안전해졌는데 진짜 괜찮은가? 저가 비행기 정말 괜찮은가?' 등의 질문인데요. 여러 질문 중에서도 '챗GPT로 질문하는 우리, 괜찮아요?'라는 질문이 가장 와 닿았습니다.

> 오류가 제로가 된다고 문제가 사라지는 게 아니다. 챗지피티는 사람들의 귀찮음을, 번거로움을 단번에 해결한다. 하지만 지식이 자신의 의식 회로에서 정리 정돈되려면 이 귀찮음과 번거로움은 반드시 필요하다. (중략) 이게 없다면, 내가 어찌 '인간' 작가인가. 하지만 요즘 시대엔 바보스러워 보인다. 인공지능에 물어보면 몇 분이면 알 수 있는 내용을 이리 오랫동안 고민하는 게 미련해 보인다. 예전에는 종일 도서관에서 이 책, 저 책 찾아보는 게 성장이라고 여겼는데 이제는 '비효율'로 느껴진다. '한심하다'라는 생각까지 든다. 20시간을 20분으로 단축시켜 주는 시대에 우리는 무엇을 잃고 있는 것일까?
>
> _오찬호, 《세상 멋져 보이는 것들의 사회학》 중에서

이 질문과 작가의 사유는 책을 쓰고 있는 저에게 많은 것을 말해

줬습니다. 독자분이 지금 읽고 계시는 이 책을 쓰는 동안 저는 '챗GPT 시대에 이게 다 무슨 소용인가?'라는 자괴감이 들었던 것이 사실입니다. 빠르고 정확하게 답변을 얻을 수 있는 계산기가 있는데, 손가락 열 개, 발가락 열 개까지 이용해 답변을 얻어보자는 미련한 이야기를 하고 있는 것 같았거든요. 저 역시 오 작가가 쓴 것처럼 이 책 저 책 뒤적거리다, 고작 서너 줄 겨우 쓸 때면 작가로서의 한계에 더욱 절망했고요. 그런데 이 문장을 읽으며, 저의 바보스러움을 칭찬했어요. "(글을 쓰는 일이) 최종 결과물의 상태와 상관없이 매우 중요한 인간만의 지적 노동이자 성장 과정이다"라는 오찬호 작가의 말처럼, 이 책은 저의 지적 노동이자 성장 과정의 집약체가 될 것입니다. 이렇게 저는 작가의 질문과 통찰이 담긴 한 권의 책으로부터 위로와 격려를 받았습니다.

다양한 질문의 힘

소설 역시 마찬가지입니다. 소설가들은 시대의 질문을 던지기 위해 자신만의 세계관과 언어를 가지고 창작을 하는 사람들입니다. 소설가 정유정은 "이야기는 단순히 삶을 재현한 것이어서는 안 되고, 실제로 일어난 충격적 사건과 사회적 이슈를 그대로 옮겨 놓아서도 안 된다"고 강조한 바 있습니다. 정 작가는 인간의 욕망에 대해 끊임없이 질문을 던지는 작가죠. 저는 정유정 작가와의 북토크를 진행한 적이 있는데요. 그때 참석한 관객들은 욕망과 관련된 다양한 질문들을 쏟아냈습니다. 모두 작가가 가졌던 질문을 체화해 자신의 질문으로 만든 분들이었습니다.

"욕망이 악으로 변질되는 순간에 불을 당기는 방아쇠는 무엇이라 보시나요?"

"전 인류를 관통하는 본성이 있다고 생각하시나요? 그 본성이 우리를 어디로 이끌고 있나요?"

"《영원한 천국》을 읽으면서 경주는 젊은 시절과 롤라의 세계에서 아픔과 상실을 겪다가도 또 이겨내려는 욕망이 느껴졌고, 그것을 인간의 야성으로 표현하신 점이 인상 깊었습니다. 작가님은 그런 아픔과 상실을 겪을 때 어떻게 견뎌내시는지 궁금합니다. 그리고 작가님에게도 영원히 계속되는 욕망이 있는지 궁금합니다."

"인간에 대한 예민한 감각과 촉 때문에 일상이 피폐해지진 않나요?"

저는 이 다양한 질문들이 세상을 더 나아지게 하는 질문이라고 확신합니다. 세상을 더 나아지게 하는 질문을 끊임없이 던지십시오. 그리고 답을 찾기 위해 공부합시다. 그러면 우리는 세상을 더 낫게 바꾸는 혁명가이자 지도자가 될 수 있습니다. "세계는 왜 이토록 폭력적이고 고통스러운가? 동시에 세계는 어떻게 이렇게 아름다운가?"라는 한강 작가의 질문이 작가의 작품세계를 만들었고, 노벨문학상이라는 쾌거를 이뤘음을 기억합니다.

   질문은 단순한 호기심을 넘어 기존의 질서와 시스템을 의심하게 만들며, 이 질문이 닿은 사람들의 인식 변화와 구체적인 행동을 이끌어냅니다. 그렇게 세상은 더 나아지는 방향으로 변할 수 있음을 기억하십시오.

내 인생을 바꾸는
일곱 가지 질문

경영사상가 찰스 핸디는 86세에 자신의 손주들에게 책 《삶이 던지는 질문은 언제나 같다》를 남겼습니다. 그는 자신이 경험한 세상과 전혀 다른 세상을 손주들이 살고 있지만 삶에서 맞닥뜨리는 질문은 크게 다르지 않다며, 할아버지의 생각을 참고해 자신만의 미래를 만들어가길 바란다고 책을 쓰게 된 이유를 밝혔습니다.

내 할아버지가 지금까지 살아 계신다면 빙그레 미소를 지으며 "그런 게 인생이지. 거기서 거기야. 다 똑같고, 다 다를 뿐이지"라고 말씀하셨을 것이다. 그런데 똑같은 것은 무엇이고, 다른 것은 무엇일까? 내가 편지에서 따져보려던 것이 바로 이 질문의 답이다.

_찰스 핸디, 《삶이 던지는 질문은 언제나 같다》 중에서

그렇습니다. 저나 이 책을 읽는 당신의 인생, 모두 다 거기서 거기일 것입니다. 그러나 한 끗 차이가 인생의 행복과 불행, 감사와 불평을 가릅니다. 그리고 이를 나누는 결정적인 요소가 바로 질문입니다. 질문 한 개가 화살이 되어 지루했던 내 시간, 혹은 완고했던 나의 사고를 와장창 무너뜨릴 수 있습니다. 그리고 제대로 부서지고 깨어진 조각들을 잘 붙여나간다면 인생의 변곡점을 맞을 수 있습니다. 뻔한 내 인생이 뻔하지 않게 되는 순간이죠. 왜냐하면 질문은 선택과 행동을 조율하는 힘을 가지고 있기 때문입니다.

성찰과 성장을 가지고 오는 인생에 유익한 질문들을 때마다 자주, 많이 던져보십시오. 삶의 방향, 목적, 가치관을 반영한 질문들을 스스로에게 많이 그리고 자주 질문하십시오. 인간의 생애주기를 사는 별다를 것 없는 나의 인생을 특별하게 만드는 강력한 비법입니다.

1. 나는 무엇을
정말로 원하는가?

모든 인간의 행동에는 반드시 동기가 있습니다. 그러므로 동기를 살펴보면 인산의 행동과 마음을 파악할 수 있죠. "나는 무엇을 정말로 원하는가?" 이 질문은 이미 내린 선택을 반추해볼 때나 앞으로 내릴 선택을 고민할 때 꼭 필요한 질문입니다. 자신의 욕구에 대해 정확하게 알아차리는 사람은 행복의 빈도가 클 수밖에 없습니다. 왜냐하면 수많은 선택과 질문 앞에서 자신을 위한 결정을 할 가능성이 크기 때문입니다. 삶의 방향을 정확하게 알고 있으니 길을 돌아갈 일도 없고, 시간과 힘을 낭비할 필요도 없습니다.

하지만 놀랍게도 이렇게 중요한 질문을 스스로에게 던지는 사람은 많지 않습니다. 그만큼 내면의 목소리에 귀 기울이며 사는 사람이 없다는 뜻입니다. 우리나라 문화에서 자신의 욕구에 대해 분명하게 말하는 것은 쉽지 않은 일입니다. 저는 신입직원 때 뭐 먹고 싶냐는 질문에 당당하게 메뉴를 말했다가 머쓱해졌던 경험이 있습니다. 갑자기 식욕을 거침없이 표현하는 천박한 사람, 선배들을 재끼고 자신이 먹고 싶은 메뉴를 말하는 건방진 사람이 됐습니다. 그러나 저는 포기하지 않았습니다. 따가운 눈총이야 그때만 견디면 그만입니다. 뒤에서 보는 흉은 내 귀에 안 들리면 그만입니다. 사측에 인사철마다 제가 가고 싶은 부서와 만들고 싶은 프로그램에 대해 호소했습니다. 물론 그런다고 다 받아들여지지는 않습니다. 그건 제 몫이 아니잖아요. 타인의 결정을 내가 컨트롤 할 수 없다면, 내가 할 수 있는 일만 하면 됩니다. 내가 원하는 것을 명확하게 표현하는 것. 그렇게 내 마음을 알아차리는 연습을 한다면, 그거면 됐습니다.

이 질문을 스스로에게 자주 던진 사람은 타인에게도 같은 질문을 던지게 됩니다. 저에게 고민을 털어놓는 사람에게 제가 항상 처음으로 던지는 질문은 "그래서 너는 뭘 원해?"인데요. 이 질문에 답을 하면 대부분 나머지 문제는 풀리기 마련입니다.

2. 나는 왜 이 일을 하고 있는가? 누구와 함께하고 싶은가?

"주방이랑 집만 왔다 갔다 하면서 살다 보니 '이렇게 사는 게 맞나? 요리만 하면서 사는 게 맞나?' 싶어서 이 대회를 나왔습니다. 우승한 것을 보니 10년 동안 그렇게 산 게 맞았던 것 같습니다. 계속 요리사답게 집과 주방만 왕복하는 그런 요리사가 되겠습니다."

〈흑백요리사〉의 우승자 '나폴리 맛피아' 권성준 셰프의 우승 소감이 인상 깊었습니다. 또 다른 참가자 장호준 셰프도 "요리를 하다보면 매너리즘이 올 때가 있거든요. 예전엔 요리가 재미있었는데, 여기 참가하면서 잊고 있었던 것들이 생각나더군요"라고 말했습니다. 이 두 요리사뿐만 아니라 이 대회에 나온 다른 요리사들도 비슷한 이야기를 했습니다. 내가 왜 이 일을 하고 있는지 잊어버렸을 때 〈흑백요리사〉에 출연해 내 일의 이유를 찾을 수 있었다고요. 이들은 내가 왜 이 일을 하는지 스스로에게 질문했고, 답을 찾기 위해 도전했습니다.

우리는 매일 반복되는 일상 속에 관성적으로 일을 하는 사람과 관계를 맺는 경우가 많습니다. 이는 우울함은 물론 번아웃의 원인이 됩니다. "나는 왜 이 일을 하는가? 누구와 함께하고 싶은가?" 그럴 때 이 질문은 내가 지금 하는 일, 혹은 맺고 있는 관계가 나의 가치와 목표에 적합한 일인지 점검할 수 있게 합니다. 답을 찾는 과정이 반복과 관성에 함몰되지 않도록 나를 깨어있게 하고, 에너지와 같은 자원을 분배하는데 도움을 줍니다.

〈흑백요리사〉에 출연한 요리사들은 승패와 상관없이 모두 만족하는 것 같았습니다. 몇몇 요리사는 여전히 요리를 사랑하고 있고,

앞으로도 요리로 자신의 인생을 증명하고 싶다며 눈물을 흘렸습니다. "아직까지 음식을 손에서 놓지 않았다는 것이 자랑이자 보람"이라는 한식 명장 이영숙 님의 말은 그녀의 요리 인생의 자부심을 시청자도 다함께 느끼게 했습니다.

"앞으로 저는 한국의 아름다운 식재료들을 소개하려고 합니다. 그게 제 삶이자 열정이죠. 전 30년 동안 요리를 해왔어요. 지금 제 나이는 대부분의 셰프들이 속도를 늦춰가는 나이이지만, 전 계속 나아가고 싶어요. 여전히 요리를 하고 싶고, 한국에서 동료들과 함께하고 싶습니다."

에드워드 리의 준우승 소감에는 앞으로 우리가 왜 그의 요리에 주목해야 하는지 이유가 담겨 있습니다. "나는 왜 이 일을 하고 있는가?"라는 질문에 나름의 답을 찾은 백 명의 요리사들이 만드는 요리의 맛은 얼마나 더 깊어졌을까요. 꼭 한번 맛보고 싶습니다.

3. 지금 이 일은 내게 어떤 의미를 주는가?

일의 이유를 발견했다면, 궁극적으로 일의 의미를 찾아야 합니다. 일의 의미가 확고한 사람은 일의 이유를 잃어버렸다 해도 길을 완전히 잃어버리지는 않거든요. "이 일이 내게 어떤 의미였지?"라고 곱씹으면 일의 이유는 금방 다시 찾기 마련입니다.

〈백은하배우연구소〉의 백은하 소장은 영화전문잡지 〈씨네21〉 기자로 2천 명이 넘는 배우를 인터뷰 한 전문기자입니다. 한국 영화가 꽃피기 시작한 시절, 배우들을 인터뷰하며 정신없이 일했습니다. 그러다 기자 5년 차가 됐을 때, 어떤 글을 썼는지는 기억이 나는데 어떤 삶을 살았는지는 기억이 안 날 정도로 일의 의미를 잃어버렸습니다. 이때 백 소장은 모든 일을 멈추고, 뉴욕으로 훌쩍 떠났습니다. 네일숍에서 일을 하며 영화도 많이 보고, 할리우드 배우들을 직접 만나면서 영화를 더 좋아하게 됐습니다. 일의 의미를 다시 찾은 거죠. 이후 백은하 소장의 행보는 거침이 없습니다.

백 소장의 일은 기존의 질문을 주고받는 인터뷰만이 아니라, 창의적이고 대범한 실험을 통해 배우를 관찰하고 분석합니다. 예를 들어, 사회적 약자를 돕는 역할을 자주 하는 배두나 씨의 경우, 그녀는 분명 공감을 잘하는 뇌를 가지고 있을 것이라고 전제하고 카이스트 뇌과학연구소와 함께 뇌 관찰을 합니다. 목소리가 좋다는 평을 듣는 박해일 씨와는 음성연구소에서 실험을 진행하고요. 백 소장은 말합니다. 근거 있게 사람에 대해 연구하고 싶다고요.

백은하 소장은 스스로 자신의 일에 의미를 부여하는 사람입니다. 자신을 '한국 영화의 오래된 목격자'라고 정의하고, 자신의 일은 배우들의 성장뿐 아니라 한국문화의 발전을 목격하고 기록하는 연구자라고 선언합니다. KBS 공채 탤런트로 시작한 이병헌 씨가 제1 한류의 주역을 거쳐 할리우드 영화에 출연하고, 〈오징어 게임〉이라는 OTT로 세상을 제패한 역사를 배우 이병헌의 개인사가 아닌 한국 엔터테인먼트의 역사로 바라보기 때문입니다.

이 일이 내게 어떤 의미인지 확인하고 정립한 사람에게 일의 한계란 없습니다. 일의 의미가 돛이 돼주니까요. 바람을 받아 배를 가게 하는 돛처럼, 일의 의미는 어떤 난관이 와도 앞으로 항해하게 해줍니다.

여기서 일은 나의 업業만을 말하는 것은 아닙니다. 내게 일어나는 사건들, 결국 인생의 의미입니다. 내게 일어나는 모든 일이 다 만족스럽고 기쁠 수만은 없죠. 아마 365일 중 대부분은 그렇지 않은 날일겁니다. 인생에서 불편한 순간들이 있지만 불행하지는 않으려면 일어난 일들의 의미를 발견하고 부여하는 것이 중요합니다. "무슨 의미가 있을까?"라는 질문은 반드시 나에게 성장을 가져오는 질문입니다. 이 질문을 놓치지 마세요.

4. 지금 나를 가로막는 요인은 무엇인가?

모든 사람에게는 자신의 인생을 변화시킬 수 있는 크고 작은 선택의 순간들이 주어집니다. 하지만 선택을 주저하게 하는 수많은 이유가 존재합니다. 우리는 무언가를 시작할 때 '할 수 있어'라는 긍정적 조언보다 '할 수 없어. 뭐 하러 그런 일을 하려고 그래?'라는 말을 훨씬 많이 듣습니다. 그리고 대부분 그 말에 발목이 잡혀 포기하고 후회하죠.

가수 하림은 어느 순간 무대에 오르는 일이 두려워졌습니다. 공황증세로 제대로 노래를 할 수 없을 정도로 힘들어져 병원에 가서 약물 치료와 상담 치료를 받았습니다. 어느 날, 상담하던 의사가 질문했습니다. "하림 씨가 만약 노래를 못 부르고 무대에서 내려오면 어떤 일이 벌어지는 건가요?"라는 질문에 그는 "쪽팔리는 거죠, 뭐"라고 대답을 했답니다. 막상 툭 하고 답변을 던지고 나니 '노래 못한다고 세상이 무너지는 것도 아니잖아. 쪽팔리는 것밖에 더 해?'라는 생각이 들면서, 순간 이 공포가 별거 아닌 것처럼 느껴졌습니다. 실체 없는 두려움의 정체를 깨닫게 된 겁니다. 그리고 지금, 뮤지션 하림은 더 자유롭고 담대하게 노래가 필요한 곳이라면 어디든 섭니다.

  적당한 두려움과 경계심은 우리를 보호하지만, 과도한 부정적 감정은 나를 앞으로 나아가지 못하게 합니다. 이럴 때 눈을 질끈 감고, 숨을 들이마시고 "지금 나를 가로막는 요인은 무엇인가?"라고 스스로에게 질문을 던지는 순간, 얼마든지 상황은 바뀔 수 있습니다. 왜냐하면 이 질문은 현재 상황과 나를 사로잡는 감정의 정체를 객관적으로, 제대로 볼 수 있게 합니다. 스스로에게 이 질문을 던지기 전에 절대 무언가 포기하지 마세요.

5. 나는 오늘 무엇에 감사하는가?

  배우 김우빈은 2017년 비인두암 진단을 받고 2019년까지 활동을 중단했습니다. 그는 바쁘게 살다가 암 진단을 받은 뒤, 그동안 자신이 미래에 살고 있었다는 것을 깨닫고 너무 슬펐습니다. 지금 이 순간 함께하는 사람을 소중히 여기고 하루하루 잘 사는 것이 중요하다는 것을 암 진단을 받은 후 알게 됐다고 고백했습니다. 그러면서 매일 쓰는 감사일기가 자신의 치유 방법이었다고 소개했는데요. 감사는 이미 내가 받은 복과 누리고 있는 것들을 깨닫게 해주는 강력한 한 방으로, 삶의 질을 높이는 중요한 요소입니다.

제가 취업 준비생이던 때, 아버지께서 뇌경색으로 쓰러지셨습니다. 막막하고 두려웠습니다. '왜 하필 나에게 이런 일이 일어났을까?'라는 질문이 자연스럽게 생겼지만, 저는 답을 찾을 수 없었습니다. 절망적인 상황에서는 내가 답할 수 있는 질문을 만들고, 내가 할 수 있는 일을 찾아야 합니다. 그래서 저는 이 질문, "나는 오늘 무엇에 감사하는가?"를 매일 나에게 던졌습니다.

감사할 수 없는 조건에서 감사하기로 결심하고, 〈고난일지〉라고 이름 붙인 일기장에 매일 감사의 이유를 찾아 기록했습니다. 하루 이틀 쓰다 보니 일기장의 제목이 곧 〈축복일지〉로 바뀌었습니다. '나는 오늘 무엇에 감사하는가?' 이 질문은 내가 어떤 조건과 상황에 있을 때도 나 자신을 이롭게 하는 질문입니다. 만약 내가 편안하고 잘나가는 상황이라면, 이 질문은 나를 겸손하게 만들 것입니다. 반면에 사방이 막혀있다면, 이 질문은 내게 한 줄기 빛이 되어 줄 것입니다. 감사는 기적입니다.

지금까지 살펴본 다섯 가지 질문은 나의 '현재'를 돌아보게 하는 질문들입니다. 이 질문이 습관이 된다면 웬만한 바람과 자극에는 흔들리지 않는 사람이 될 것입니다. 그렇다면 '미래'를 꿈꾸게 하는 인생 질문에는 어떤 것들이 있을까요?

6. 나는 어떻게 나와 세상을 더 나은 곳으로 만들 수 있는가?

'나는 어떻게 나와 세상을 더 나은 곳으로 만들 수 있는가?'라는 질문은 '나는 왜 사는가?'라는 근원적이면서도 추상적인 질문을 물성화할 수 있는 질문입니다. 자기존재의 이해와 인생의 목적을 명확히 할 수 있기 때문이죠. 저는 '세상에 필요한 이야기를 하는 사람'이라는 정체성과 '선한 영향력을 끼치고 인정받을 때'로 저의 '자기효능감'을 정리하며 이 질문에 대한 답을 찾을 수 있었습니다.

이 기준은 제가 새로운 일을 시작할 때 푯대가 되어줍니다. 세상에 필요한 이야기를 하는 자리인가, 선한 영향력을 끼치고 적합한 인정을 받을 수 있는 조건인가를 살펴보면 "예스"라고 응답해야 할지 "노"라고 거절해야 할지 답이 쉽게 나오기 때문입니다. 인생을 살면서 중요한 결정을 할 때 세상을 더 나은 곳으로 만들 수 있을 것인가 하는 질문으로 자신을 점검하는 사람이 많아진다면, 우리 사회는 선한 쪽으로 발전해 가지 않을까요?

7. 나의 묘비에
어떤 말을 쓰고 싶은가?

그리하여 나는 어려운 시절이 오면, 어느 한적한 곳에 가서 문을 닫아걸고 죽음에 대해 생각하곤 했다. 그렇게 하루를 보내고 나면, 불안하던 삶이 오히려 견고해지는 것을 느꼈다. 지금도 삶의 기반이 되어주는 것은 바로 그 감각이다. 생활에서는 멀어지지만 어쩌면 생에서 가장 견고하고 안정된 시간. 삶으로부터 상처받을 때 그 시간을 생각하고 스스로에게 말을 건넨다. 나는 이미 죽었기 때문에 어떻게든 버티고 살아갈 수 있다고.

_김영민, 《아침에는 죽음을 생각하는 것이 좋다》 중에서

매일 자신의 죽음을 생각하며 질문을 던지는 사람의 인생은 바람에 흩날리는 가벼운 겨와 같지는 않을 것입니다. 나의 유한함을 깨달으면 진짜와 가짜를 구별할 수 있는 능력이 생깁니다. '나의

묘비에 어떤 말을 쓰고 싶은가?'라는 질문은 자신의 유산과 삶의 방향을 생각하게 합니다. 내가 남들에게 어떤 영향을 미치고 싶은지, 어떤 역할을 하고 싶은지 고민함으로써 장기적인 목표를 설정하는 데 도움이 됩니다. 저의 묘비명은 '생을 충분히 사랑한 사람'입니다. 파스칼 브뤼크네르라는 작가의 글에서 영감을 받은 묘비명이지요.

> 나는 생을 충분히 사랑했다.
> 상처 받았지만 충분했고 악몽을 관통했고 보물을 받았다.
> 당연히 받았어야 하는 것은 하나도 없었다.
> 이 터무니없는 은총에 감사하다.
> _파스칼 브뤼크네르, 《아직 오지 않은 날들을 위하여》 중에서

파스칼 브뤼크네르처럼 상처와 악몽이 저의 인생 가운데 분명히 실재했지만, 저는 보물을 많이 받은 사람임을 잘 압니다. 그리고 생을 사랑하는 것이 내 인생에 보답하는 일이라고 생각합니다. 그래서 저는 제게 주어진 길이 꽃길이 아니라 할지라도 기쁨으로 발걸음을 내딛고 싶습니다.

지난 2024년 5월, 저는 YTN라디오를 퇴사하고 20년 동안의 언

론인의 삶을 마쳤습니다. 퇴사는 전혀 계획에 없던 일이었습니다. 이 책을 쓰기 시작했을 때만 해도 상상도 못한 일이었으니까요. 물론 20년 차 직장인인 제게도 가슴에 사표를 넣고 다닐 이유는 많았습니다. 때로는 인간관계 때문에, 매너리즘에 빠져서, 직장 문화에 대한 불만 등이 절 괴롭혔습니다. 하지만 그럴 때마다 불평하고 힘들어하기 전에 일곱 가지 질문을 제게 던졌습니다.

나는 무엇을 정말로 원하는가? / 나는 왜 이 일을 하고 있는가? 누구와 함께하고 싶은가? / 지금 이 일은 내게 어떤 의미를 주는가? / 지금 나를 가로막는 요인은 무엇인가? / 나는 오늘 무엇에 감사하는가? / 나는 어떻게 나와 세상을 더 나은 곳으로 만들 수 있는가? / 나의 묘비에 어떤 말을 쓰고 싶은가?

그동안 질문을 던졌을 때 찾은 답은 직장에 머무는 것이었습니다. 그런데 이번에는 그렇지 않더군요. 평소 자주 질문을 던진 덕에 답을 얻는 것은 어렵지 않았습니다. 답에 따라 행동하는 것은 더 쉬운 일이었습니다. 모든 질문의 정답은 퇴사였고, 저는 질문을 던지고 나흘 만에 퇴사했습니다. 다른 사람이 보기엔 20년간 한 일을 단 4일 만에 그만두는 성급한 사람으로 보였을 테지요. 하지만 지금 저는 행복합니다. 인생을 좋은 곳으로 데려가 주는 질문을 던지는 사람만이 누릴 수 있는, 과감하고 정확한 답을 저는 찾았기 때문입니다.

> 살아가는 매 순간 정답을 찾을 순 없겠지만 그래도 항상 김사부는 말했다.
> "우리가 왜 사는지, 무엇 때문에 사는지에 대한 질문을 포기하지 마. 그 질문을 포기하는 순간, 우리의 낭만도 끝이 나는 거다."
> _드라마 〈낭만닥터 김사부 3〉 마지막 편 중에서

인생을 결정하는 일곱 개의 질문이 저를 여기까지 데려왔습니다. 여러분도 이 질문들을 자신에게 하는 것을, 그리고 답을 찾는 것을 포기하지 마시기를 바랍니다.

Part 3

좋은 질문은
좋은 대화다

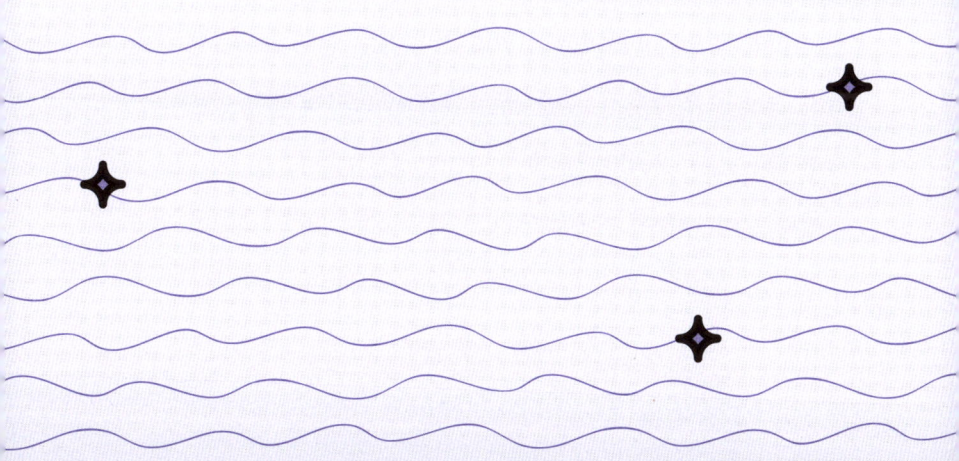

말하기와 글쓰기가
기본이다

어떻게 책을 두 권이나 썼냐는 질문을 종종 받습니다. 처음에는 책을 쓰는 기술에 대해 묻는 줄 알았는데, 알고 보니 이 질문의 핵심은 '어떻게 당신은 자신의 생각에 확신을 가지고 책을 쓸 수 있느냐?'라는 물음이었습니다. 그때 알았습니다. '사람들은 생각보다 자신의 생각을 말과 글로 옮기는 것을 두려워하는구나.' 그리고 비로소 깨달았습니다. 20년 동안 프로그램을 만들고, 방송을 진행하고, 책을 쓰는 일은 나 자신에 대한 믿음이 없다면 할 수 없는 일이었음을요.

저라고 이 믿음이 처음부터 생기지는 않았습니다. 데일리 생방송을 제작하는 일은 하루살이 인생과 같습니다. 사안에 대해 깊이 고민하고 분석하기보다는, 수박 겉핥기 식의 방송을 만들게 될 수밖에 없거든요. 하지만 세상만사는 연속적이며 복합적입니다. 뉴스에 나오는 정보만으로 질문지를 만들고 방송을 진행하면 근시안적일 수밖에 없습니다. 그래서 저는 이점을 보완하기 위해 신문 칼럼을 읽거나, SNS의 신뢰할 만한 친구들의 글을 읽고 공부합니다.

　이렇게 내면을 채우다 보면 비로소 사건과 이슈에 대한 좋은 질문을 할 수 있게 됩니다. 여기서 좋은 질문이란, 기존 보도에 나온 질문이 아닌 '나만의 질문'입니다. 나만의 질문. 바로 이것이 '어떻게 질문을 나답게 창의적으로 풀 수 있는가?'에 대한 비법입니다.

　나만의 질문을 하기 위해서는 말하기와 글쓰기(이하 말쓰기) 연습이 필수입니다. 《아비투스》의 저자 도리스 메르틴은 탁월함은 능력이 아닌 습관에 가깝다고 했습니다. 좋은 질문을 하기 위한 말쓰기에 대해 알아보겠습니다.

본질은 나를 채우는 것

　말쓰기의 기술보다 중요한 것은 먼저 말쓰기의 본질에 대해 아는 것입니다. 아나운서 경력 18년 차인 친구가 제게 뜻밖의 고민을 털어놨습니다. 자신은 정말 말을 못한다고요. "18년 동안 방송을 진행하는 사람이 말을 못한다니 말이 돼?" 유수처럼 방송을 진행하는 친구가 그런 고백을 하니 깜짝 놀랐죠. "아니야. 프로그램 진행은 잘할 수 있지. 그런데 강연을 가거나 대화를 나눌 때면, '아, 내가 정말 말을 못하는구나' 하는 걸 깨달아. 할 말이 없어."

내 안에 좋은 것들이 가득 차서 흘러넘치는 것, 이것이 바로 말쓰기의 본질입니다. 돈을 꽉 채우지 않으면 절대 문이 열리지 않는 저금통처럼, 내면이 꽉 차지 않으면 말쓰기의 문은 열리지 않습니다. 장작이 없으면 타지 않는 불꽃처럼 말이죠. 김미경 씨가 처음 강사 생활을 시작했을 때는 일이 없을 때마다 하루 종일 책을 읽고 생각하는 게 일이었다고 합니다. 철학책부터 자기계발서까지 손에 잡히는 대로 읽다 보니, 가끔은 '이게 내가 한 생각이 맞나?' 할 정도로 놀라운 명언이 툭툭 튀어나왔데요.

저는 SNS에 짧은 글을 매일 올립니다. 그러다 보니 대화를 나누거나 일을 할 때, 심지어 아무 의미 없이 보내는 시간까지도 글감을 찾으려고 합니다. 그러면 한 줄이라도 글을 쓸 수 있게 됩니다. 그러다가 나의 말쓰기가 초라하고 공허하게 느껴질 때면 제 안을 들여다 봅니다. '내가 요즘 책을 읽었나? 영화는 봤나? 음악은

들었나? 글은 얼마나 썼지?' 그러면 반드시 구멍이 보이더군요. 그럴 때면 옆에 책을 쌓아두고 음식을 흡입하는 것처럼 마구마구 읽습니다. 그러면 쓰고 싶고 말하고 싶은 주제가 반드시 떠오릅니다. 김대중, 노무현 대통령 연설 비서관을 역임한 강원국 작가는 "김대중 대통령의 말을 글로 옮기면 책 한 권이 된다"고 말했습니다. 평소 엄청난 독서력과 공부가 있기에 가능한 일입니다.

좋은 말쓰기를 만드는 네 가지 조건

좋은 말쓰기의 조건은 크게 하드웨어와 소프트웨어로 나눌 수 있습니다. 하드웨어는 말하기 축에 더 가깝고, 소프트웨어는 글쓰기 축에 더 가깝습니다. 말과 글은 코와 입이 연결돼 있는 것처럼 하나입니다. 좋은 글을 말하면 좋은 말이 되며, 좋은 말을 글로 쓰면 좋은 글이 됩니다.

첫째, 주어와 서술어가 맞아야 합니다. 글쓰기 수업 때 가장 기본적으로 배우는 것인데요. 말이나 글이 길어지면 주술이 안 맞는 경우가 종종 생깁니다. 인터뷰를 진행할 때면 질문지가 있더라도 상대방의 대답에 따라 대부분 애드리브로 진행하게 되는데요. 그때 제가 절대 놓치지 않는 건 '질문을 시작할 때 내뱉은 주어'입니다. 즉흥적으로 질문을 하거나 의견을 말하다 보면 정리가 안 되는 경우가 있습니다. 이때 아무 말 대잔치를 하다가도 말을 시작한 주어와 맞는 술어로만 끝내도 그럭저럭 괜찮아 보입니다. 연습하면 됩니다. 말할 때 머릿속으로 내가 시작한 문장의 주어를 바짓가랑이 붙잡고 있는 것처럼 꼭 붙들고 있으세요.

둘째, 적확하고 다양한 어휘를 사용해야 합니다. 아기가 말을 하며 하는 첫 질문은 사물을 가리키며 "이게 뭐야? what is this?"입니다. 그러다 글을 읽을 줄 알게 되면 아이는 책에서 읽은 단어를 보며 "엄마, 이 뜻이 뭐야? what is meaning?"라고 묻게 되죠. "엄마, 쿠데타가 뭐야?", "엄마, 환대가 뭐야?" 등 일상적 단어부터 수준 높은 어휘까지 묻습니다. 이런 질문이 많아질수록 아이의 어휘력은 늘어나고, 이 질문에 어떤 답을 하는지에 따라 부모의 어휘력도 수준이 나타납니다.

요즘 문제가 되는 문해력 논란은 결국 빈약한 어휘 때문입니다. 다양한 어휘를 많이 구사하려면 영상보다는 책을 읽어야 하고, 쇼츠보다는 두 시간 정도 되는 영화를 보며 스토리의 기승전결을 이해하려는 연습을 해야 합니다. 그러니 책보다 영상을 더 많이 접하고, 긴 스토리보다 짧은 콘텐츠만 시청하는 이들에게 문해력 부족은 너무나 당연한 귀결이죠. 법정 스님은 사람의 얼굴은 '삶의 이력서'라고까지 말씀하셨어요. 관상이 과학이라는 말처럼, 내가 쓰는 어휘 역시 과학이자 이력서입니다. 말을 하거나 글을 쓸 때 어떤 단어를 쓰는지만 봐도 이 사람의 수준이 고스란히 느껴집니다. 깊은 말쓰기를 하는 사람은 상황에 맞는 적확한 어휘를 다양하게 쓰는 사람입니다.

그렇다면 어휘를 어떻게 공부해야 할까요? 처음 영어를 배울 때, 문장의 5형식이라는 뼈대 위에 많은 단어를 암기하며 살을 붙여갑니다. 말레이시아에서 한 달 살기를 한 적이 있었는데, 결국 쓰는 문장과 단어들은 한정적이더군요. 문장의 구조는 사실 몇 가지에 불과합니다. 결국 언어 구사 능력은 얼마나 많은 단어를 자유롭게 쓰는지에 좌우됩니다. 외국어를 독해 할 때도 단어를 많이 알면 대충 무슨 뜻인지 감이 오잖아요. 모국어 어휘도 외국어 단어를 암기하듯이 공부해야 합니다.

글을 쓰다 보면 똑같은 단어를 여러 번 쓸 때가 굉장히 많습니다. 그래서 저는 일단 쏟아지는 생각들을 문장으로 적어두고, 찬찬히 살피며 똑같은 단어들을 다른 단어로 바꾸는 작업을 꼭 합니다. 예를 들어 '사랑'이라는 단어를 생각해 볼까요? 사랑의 유의어는 애정, 연애, 사모, 박애, 경애, 그리움 등 아주 다양합니다. 이때 내가 말하고 싶은 의미에 더 밀접하게 붙은 단어를 택해 치환합니다. 국어사전을 보면 '정확'과 '적확'의 뜻이 세밀하게 다르고, '명징', '명백', '명확'도 각각 미묘하게 다른 의미의 단어입니다. 더 정확하고 의미에 어울리는 단어를 찾아가다 보면, 단편적인 글이 어느새 입체적으로 변하게 됩니다. 질문은 애매한 것을 분명하게 하고 싶어서 하는 행위죠. 그러므로 나의 궁금증을 잘 표현할 수 있는 다양한 단어들을 많이 알고 쓸 수 있다면 더 좋은 질문을 던질 수 있을 것입니다.

저는 누군가와 대화할 때 혹은 책에서나 영상에서 생경한 단어들을 접할 때 꼭 그 단어들의 쓰임새와 활용도를 파악해 놓습니다. 듣고 흘리면 그만일 수도 있지만, 그때그때 공부하고 새기면 언젠가 제가 그 단어를 사용하게 됩니다. 주변에 수준 있고 교양 있는 단어를 구사하는 사람이 있다면, 그의 말을 귀기울여 듣고 그가 쓰는 단어를 종이에 옮겨 적어보세요. 반드시 사용할 때가 옵니다.

셋째, 다정하고 친절한 언어를 지향해야 합니다. 최은숙 작가는 《어떤 호소의 말들》에서 어떻게든 버티며 존엄을 지켜가는 이들을 한순간에 무너뜨리는 것은 칼이 아니라, 한마디 말이나 태도일 수 있다고 했습니다. 평소 우리 안에 내재된 차별과 편견에 뿌리를 둔 언어가 어떤 존재를 한순간에 투명 인간으로 만들어 버리기도 한다는 겁니다.

2024년 봄, 총선을 기억합니다. 국민의 대표를 뽑는 이때, 오히려 천박한 언어들이 미디어를 통해 너무 많이 쏟아졌습니다. 국민의 일꾼이 되겠다고 나선 사람들의 입에서 쏟아지는 막말들, 비방의 언어들에 진절머리가 났습니다. 그런데 그즈음, 자신의 전문성을 살려 자살을 막겠다는 사람들을 많이 만난 주간이 있었습니다. 여러 사람들과 긴 시간 회의와 대화를 나눴는데도 전혀 피곤하지 않더라고요. 이유가 무엇일까 곰곰이 생각해 봤습니다. 바로 '언어' 때문이었습니다. 언어는 다양한 어휘들의 조합과 배열이죠. 이들은 폭력과 혐오, 배척의 언어가 아니라, 다정하고 친절한 언어를 구사했습니다. 그들의 지나온 인생을 다 알 수 없어도, 사용하는 언어만으로도 그들이 가진 깊은 성찰과 고귀함, 당당함, 용기를 만날 수 있었습니다.

넷째, 영어나 일본어 등 외국어 표현은 지양해야 합니다. 일제 강점기 잔재가 남은 단어 사용은 물론 안 되고, 어느새 자연스럽게 쓰고 있는 영어식 피동표현(주어진다, 보여진다 등)도 쓰지 않는 게 좋습니다. 질문은 되도록 간결하고 명확하게 만드는 것이 핵심이니, 두 번 생각해야 하는 외국어 표현은 경계해야 합니다. 이 부분은 자세히 다루지 않겠습니다. 《유시민의 글쓰기 특강》, 강성곤 아나운서의 《정확한 말, 세련된 말, 배려의 말》과 같은 말쓰기 관련 책들을 참조하시길 추천합니다.

좋은 질문의 바탕이 되는 말쓰기 연습법

좋은 질문은 끝없는 말쓰기 연습에서 나옵니다. 언어를 잘 구사하는 비결 중에 '많이 쓰는 법' 외에 최선이 있던가요? 운동과 어학 공부만큼 세상 정직한 게 없더라고요. 말쓰기 잘하는 법도 똑같습니다. 자주 쓰고 말하세요! 그럼, 어떻게 자주 쓰고 말하는 게 좋을까요? 저의 연습법을 공개하겠습니다.

신입 아나운서들이 제게 자주 하는 질문 중 하나는 '애드리브를 잘하려면 어떻게 해야 하느냐?'입니다. 즉, 상황에 맞게 자연스러운 말쓰기를 잘하는 법을 묻는 것이었죠. 라디오 프로그램에 도착한 청취자 사연들은 대부분 비슷합니다. 몸이 아프거나, 중요한 일정이 있거나, 자식이나 부모의 신변에 대한 평범한 이야기들이죠. 그러다 보니 진행자가 하나마나한 반응을 보이는 경우가 많습니다. "안타깝네요", "힘내세요", "속상하시겠어요", "정말 좋으시겠어요"처럼 뻔하기 쉽죠. 이럴 때 너무 뻔한 리액션보다는 진행자가 개성과 지식을 남아 표현하는 센스있는 말 한마디 한다면 얼마나 멋질까요? 그래서 저는 누군가 아플 때, 큰 도전을 앞둘 때, 상실의 경험을 겪을 때 등 사연으로 자주 오는 상황들에 맞는 인용거리를 차곡차곡 정리했습니다. 나만의 상황 묘사법도 문장으로 적어놓으면 좋습니다. 처방전 같은 노래 곡목이나 시를 업데이트 해놓는 것도 유용합니다. 그래서 저는 작은 수첩 한 권을 늘 들고 다니면서 틈틈이 나에게 오는 자극들과 생각들을 적어놓습니다. 물론 핸드폰으로 정리할 수도 있지만, 한 글자 한 글자 손으로 적으면서 정리하는 게 저에게는 각인 효과가 훨씬 크더군요.

혼잣말로 연습하라

저는 신입 아나운서들에게 혼잣말을 자주 하라고 조언합니다. 라디오 방송을 진행한다고 생각하고 계속 말을 하는 겁니다. 속으로 말고, 입 밖으로 소리내서요. 예를 들면, 운전하면서 계속 혼잣말을 하는 겁니다.

"여러분, 오늘 정말 덥네요. 이럴 때 차가 밀리면 정말 짜증나지만, 이런 더운 날 혼자 시원한 나만의 공간 안에 있는 것만으로 황홀할 때가 있어요. 어머, 저기 신나게 뛰어노는 아이들이 보이네요. 지금 저는 아이들의 웃음소리와 땀방울에 눈이 부십니다. 그런데 말이죠, 어쩌고저쩌고….'"

진짜 아무 말 대잔치입니다. 맥락도 없고 주제도 없어요. 그냥 말 그대로 혼자 떠드는 겁니다. 짧게는 5분도 좋고, 길게는 30분도 좋습니다. 계속 말을 만들어 보세요. 사회적 이슈에 대해서도 혼잣말을 하면서 정리하는 것도 좋습니다. 뉴스를 듣다가 패널의 분석이 맘에 들면, 그대로 입 밖으로 따라해 보세요. 그럼 내 것이 됩니다. 그러다 시간이 지나 연습이 쌓이면, 상대 없이 지껄이던 혼잣말이 강연이 되고, 연설도 될 수 있습니다. 혼잣말은 어느 누구도 아닌, 내 몸에 맞고 내 입맛에 맞는 요리 재료를 모으는 것과 같습니다. 속으로만 중얼거리는 혼잣말이 아니라, 계속 입 밖으로 말을 뱉으라고 강조하는 이유는 체득되고 체화된 것만이 진짜 내 것이 되기 때문입니다. 요리 재료를 모았으니 그 다음은 요리를 해야겠죠?

발표나 진행을 하게 됐을 때

저는 강연을 할 때나 행사 진행을 할 때 대본을 보지 않습니다. 외우냐고요? 아니요, 외우지도 않습니다. 저는 배우가 아니잖아요. 강연자는 지식과 지혜를 청중에게 이야기로 전달하는 사람이고, 진행자는 행사의 흐름을 타며 행사를 돕는 사람입니다. 짜여진 무대 위에 서는 사람이 아닙니다. 강연 현장과 무대는 돌발상황이 굉장히 많거든요. 그래서 저는 행사 전에 원고와 대본을 여러 번 소리 내서 읽으며 내용을 숙지합니다. 물론 그전에 원고를 철저하게 작성해야 합니다. 몇몇 목사들 중에 자신은 그때그때 성령이 이끄는 대로 필요한 말씀을 전하니 설교 원고를 쓰지 않는다는 사람들이 있습니다. 게으른 사기꾼입니다. 누군가의 앞에서 말을 한다는 건 내 말을 시간 내서 들어주는 사람이 있다는 뜻인데, 할 수 있는 최선을 다해 준비를 하는 것이 예의입니다.

이렇게 원고를 쓴 이후에는 단락마다 핵심 단어를 뽑아 소리 내어 말을 하면서 문장을 연습합니다. 이 연습법이 좋은 이유는 예상하지 못했던 일이 일어나도, 당황하지 않고 금방 대처할 수 있기 때문입니다. 강연이나 PT 발표에서 원고를 달달 외웠다가 긴장하거나 돌발상황이 닥치면 까맣게 잊어버리는 경우도 있거든요. 전에 〈세상을 바꾸는 시간 15분(세바시)〉에서 강연을 했을 때의 일입니다. 제가 강연을 시작하는 순간, 리허설 때 잘 작동되던 프롬프터가 갑자기 꺼져서 먹통이 돼버렸습니다. 이때 저는 당황하지 않고 준비한 내용으로 강연을 이어갈 수 있었습니다. 그럴 수 있었던 건 제가 원고를 외운 것이 아니라, 원고를 바탕으로 수백 번 스피치 하며 연습했기 때문입니다.

자주 쓰는 것 역시 꼭 해야 하는 연습입니다. 긴 글보다 짧은 글을 많이 쓰려고 해보세요. 그러다 보면 어휘도 더 고민하며 고를 것이고, 문장의 리듬과 호흡도 더 신경 쓰게 될 테니까요. 저는 SNS 글쓰기를 추천합니다. 내 글을 읽어주는 사람들이 있는 공개적 글쓰기가 글솜씨를 늘리는 데 가장 효과적입니다. 그러나 너무 잘 쓰려고 노력하지 마세요. SNS 글쓰기는 명문을 쓰는 것이 아니라, 쏟아지는 생각을 나의 개성을 잘 나타내며 정리하는 것에 목적을 두면 좋습니다. 좋아요 개수에 신경 쓰는 순간, SNS 글쓰기의 재미를 느끼지 못하게 될 것입니다.

지금까지 소개해 드린 말쓰기 연습법은 저의 것입니다. 무엇보다 중요한 것은 독자분들도 자신만의 말쓰기 연습법을 계발하는 겁니다. 공부 잘하는 학생들은 자신만의 공부법과 노트 필기법을 가지고 있기 마련입니다.

세상에는 말쓰기, 글쓰기 비법에 대한 책이 굉장히 많이 있습니다. 아나운서인 말쟁이가 쓴 책들, 작가인 글쟁이가 쓴 책들을 고루 읽으면서 나만의 연습법과 원칙을 세우세요. 다시 한번 강조합니다. 좋은 질문은 끝없는 말쓰기 연습에서 나온다는 것을요.

닮고 싶은
말쓰기 모델을 정해라

 가장 효과 빠른 말쓰기 연습법을 알려드릴까요? 바로 닮고 싶은 말쓰기 모델을 정해서, 그를 관찰하고 따라하는 것입니다. JTBC 강지영 앵커는 국민MC 유재석을 철저하게 모니터했다고 합니다. 그가 하는 모든 말은 물론이며, 자연스럽게 나오는 "아~"하는 감탄사까지 모두 적었습니다. 유재석이 어느 때 크게 웃는지, 언제 미소만 짓는지까지 다 체크했습니다. 이런 노력의 결과, 아나운서로 흑역사를 가지고 있던 강지영은 JTBC 아나운서국 최초로 〈뉴스룸〉 단독 앵커가 됐고, 진심 어린 인터뷰어로 등극하게 됐습니다. 이처럼 자신이 닮고 싶은 모델을 정해 모니터하고 따라 하는 방법은 가장 쉽고도 정확한 말쓰기 연습법입니다.

자신과 비슷한 성향의 사람을 롤모델로 선정하는 것이 가장 효율적입니다. 저는 이금희 아나운서를 많이 모니터했습니다. 이금희 아나운서의 경청 자세, 밀의 미세한 톤 조절, 쉽고도 정확한 어휘 선택 등이 정말 훌륭했습니다. 또한 제 친구 중 차분하지만 힘 있는 말투와 다정한 어휘를 많이 쓰는 친구의 말습관을 유심히 보고 따라했습니다. 따라하다 보니, 어느 순간 저도 누군가에게 친절한 말을 건네는 사람이 돼 있더군요.

김창완 선생님의 말하기도 닮고자 했습니다. 라디오에서 그가 구사하는 말은 화려한 언어가 아닌 일상의 표현이었습니다. 특유의 감성으로 사람들을 위로하고 격려하는 모습이 좋았거든요. 물론 김창완 선생님의 말이 대단한 해결책이나 엄청난 내용을 담고 있지는 않았지만, 특별하게 다가왔습니다. 선생님의 글도 마찬가지였어요. 그의 책을 읽는데, 그의 라디오 방송이 동시에 들리는 경험을 했습니다. 말과 글이 모두 다 좋은 사람인 거죠.

저와는 스타일이 전혀 다른 박명수 씨의 멘트도 때때로 적어 놓았습니다. 심각하게 생각했던 일도 그를 통과하면 그렇게 대단한 일처럼 느껴지지 않는 것이 좋았거든요. 당장이라도 터질 것 같은 꽉 찬 풍선에 바람이 슝~ 하고 빠지는 느낌이랄까요? 그래서 사람들이 박명수 씨의 어록을 좋아하는 것 같습니다. "참을 인 3번이면 호구가 된다", "가는 말이 고우면 얕본다", "일찍 일어나는 새가 피곤하다", "늦었다고 생각할 때가 진짜 늦었다", "나까지 나설 필요는 없다", "엉망으로 살아야 해. 인생은 한 번이야". 까칠하면서도 위로를 주고, 유쾌하면서도 현실적인 생생한 멘트들입니다.

반대로 말쓰기의 반면교사를 정하는 것도 좋은 방법입니다. 주변에 보면 꼭 거슬리게 말하는 사람들이 꼭 있죠? '저 사람처럼은 되지 말아야지' 하는 생각이 절로 드는 사람들이요. 혹은 가족이나 배우자의 말버릇 중에도 참을 수 없는 것 한두 개쯤 있을 겁니다. 무조건 부정적으로 이야기한다든지, 기분 나쁜 어투를 사용하든지요. 제 과거 상사 중 한 명은 부하 직원들에게 일을 시킬 때마다 "그게 뭐 그리 어려워? 정말 거지 같아"라는 표현을 자주 썼습니다. 그럼 저는 속으로 말했죠. '그렇게 쉬우면 거지 같은 네가 해보지 그래?' 그런데 돌아보니 저도 이런 거친 표현을 안 쓸 뿐, 아이들에게나 후배들에게 일을 가르치고 시킬 때 저의 시각에서 '이게 뭐 그리 대단한 일이라고 저리 힘들어하나?'라는 생각이 담긴 말투와 언어를 사용했더라고요. 나의 이런 점을 발견한 것은 '거지 같은' 그 상사의 말투를 반면교사 삼았기 때문입니다.

말의 내용을 파악하기 힘들 정도로 특유의 버릇, 즉 '쪼'가 많은 사람을 관찰하는 것도 말쓰기에 좋은 연습이 됩니다. 사투리 같은 톤도 문제지만, 용법에 맞지 않게 습관적으로 쓰는 단어들도 좋지 않습니다. 예를 들면, 어떤 사람은 '너무'라는 말을 많이 쓰는데요. '너무'는 부정적인 뜻에 쓰는 부사임에도 '너무 좋아, 너무 사랑해' 등 남발을 '너무' 하는거죠. 또 버릇처럼 '~같아서'라는 말을 자주 쓰는 사람도 있습니다. '안 돼요'가 아니라 '안 될 것 같아요', '늦어요'가 아니라 '늦을 것 같은데'라는 말이 완곡하고 예의 바르게 말하는 것처럼 보일 수도 있지만, 늘 이렇게 말하는 사람은 흐리멍덩해 보일 수도 있음을 늘 염두에 두시기 바랍니다.

물론 우리는 모두 각자의 쪼와 언어 습관을 가지고 있습니다. 훈련을 받은 아나운서들도 뉴스를 읽을 때 자신의 쪼가 나오고, 가수들 역시 노래를 부를 때 쪼가 드러납니다. 그러나 나의 안 좋은 말버릇, 내 쪼가 무엇인지 인식하면 바꿀 수 있습니다. 혹시 자신의 쪼를 알고 싶다면 대화를 녹음하고 들어보세요. 무방비 상황에서 나오는 내 언어가 진짜 나의 실력이니까요.

좋은 질문을
디자인하는 법

검색하면 모든 것이 나오는 시대에, 한 사람에게 질문을 던진다면 그 질문에는 그 사람만이 할 수 있는 이야기를 끌어낼 힘이 있어야 합니다. 그러려면 질문을 잘 준비해서 던져야 합니다. 질문을 준비하지 않으면, 결국은 관성대로 그냥 묻게 됩니다.

화가가 그림을 잘 그리는 가장 쉬운 방법은 무엇일까요? 바로 많이 그리는 겁니다. 질문도 마찬가지입니다. 질문하기 전에 먼저 질문을 디자인하는 연습이 필수입니다. 질문하는 것을 두려워하지 말고 질문을 만드는 연습, 실행을 많이 해보면 질문력도 성장하기 마련입니다.

목적을 설정하고, 자료를 조사하라

가장 먼저 고려해야 하는 점은 질문의 목적을 설정하는 것입니다. 내가 이 질문을 통해 무엇을 알고 싶은지, 어떤 결과를 얻고 싶은지 명확히 정리해야 합니다. 지식 획득, 감정 나눔, 문제 해결, 아이디어 창출, 대화 유도 등 목적에 따라 질문의 형식이 달라질 수 있거든요. 지식 획득이나 문제 해결이 목적이라면 질문의 길이를 짧게, 용어를 밀도있게 선택하는 것이 좋습니다. 감정을 나누고, 대화를 유도하려는 목적이라면 질문 전 빌드업도 질문만큼 중요합니다. 이런 목적을 가진 질문은 다양한 답변을 듣는 경우가 더 좋거든요. 목적이 분명해지면 액션 플랜을 촘촘하게 세울 수 있습니다. 질문이 예리하면 좋은 답을 얻기 마련입니다.

다음 단계는 질문을 풍성하게 해줄 자료 조사입니다. 자료 조사에 너무 많은 시간과 노력을 기울일 필요는 없습니다. 오히려 과한 자료 조사가 질문을 더 복잡하고 흐리게 만들 수 있습니다. 질문을 위한 자료 조사는 신뢰할 수 있는 웹사이트나 책에서 얻은 정보 정도면 충분합니다. 이때 질문의 내용뿐 아니라 질문 받는 사람의 배경, 청중의 수준까지도 조사한다면 더 좋은 질문을 할 수 있습니다.

비서의 주요 업무 중 하나는 모시는 상사가 만나는 사람의 프로필을 잘 조사해서 보고하는 건데요. 그 자료를 바탕으로 질문을 던진다면 대화의 주도권을 쥘 수 있기 때문입니다. 그래서 저는 누군가를 만날 때 인물에 대한 자료 조사도 하고, 자료를 바탕으로 질문 3개를 꼭 준비해 갑니다. 만약 특정인이 아니라 모임 같은 경우, 그 모임에 오는 사람들의 공통적인 조건과 상황을 고려해 질문을 준비해 갑니다.

군 사회복무요원을 대상으로 강의할 때 저는 ①당신이 구독하는 유튜브 채널은 무엇인가요? ②좋아하는 콘텐츠가 있나요? ③진로를 위해 어떤 준비를 하고 있나요? 이 세 가지 질문을 가져갑니다. 군 사회복무요원이라면 누구나 답할 수 있는 내용을 질문에 담고 있습니다. 20대라면 유튜브를 안 볼 리가 없고, 안 본다 해도 콘텐츠의 시대니 ②번 질문에 누구나 답을 할 것이며, 무엇보다 20대 청년들 대부분 자신의 진로를 위해 무언가 하고 있을 가능성이 크기 때문입니다. 물론 아무것도 안 하는 사람이 있을 수도 있죠. 그렇다면 그 이유를 물어본다면 좋은 대화로 이어질 것입니다.

내용과 길이를 디자인하는
핵심 단어 메모법

자, 이제 질문하고자 하는 카테고리를 설정하고 구체적으로 질문을 만드는 단계입니다. 정유정 작가는 작가에겐 '무엇을 쓸까'도 중요하지만 '어떻게 쓸까'도 중요하다며, '무엇'만 있고 '어떻게'가 없으면 글이 조악해진다고 했습니다.

질문도 마찬가지입니다. 질문의 목적과 자료 조사를 통해 '무엇을 물을까?'를 결정했다면, 다음은 '어떻게 물을까?'를 생각하며 질문의 구조를 설계합니다. 광고에는 카피가 있고 책에는 띠지가 있습니다. 광고는 카피 한 문장에 제품의 특징을 잘 담아내야 하며, 책보다 훨씬 작은 띠지 안에 핵심 메시지를 넣어야 소비자의 선택을 받을 수 있습니다. 질문도 그러합니다. 좋은 질문은 짧고 명료합니다. 물론 질문에 맥락이나 배경을 설명해야 할 때도 있으니 한두 문장으로 안 될 경우도 있습니다만, 질의 시간은 1분 내외면 좋습니다.

짧고 명료한 질문을 던지려면 어떻게 해야 할까요? 내가 진짜 묻고 싶은 말을 한 줄로 정리하는 연습이 필요합니다. 배경 설명, 맥락 설명, 사족은 다 걷어내고 핵심만 남길 수 있어야 하는데요. 문장으로 미리 만들어 보는 겁니다. 동시통역사는 연사의 이야기를 잘 듣고 핵심 단어들을 재빠르게 메모합니다. 그리고 그 키워드를 조합해 문장을 만들어 내는 방식으로 통역을 하죠. 마찬가지로 발표나 강연을 듣다가 궁금증이 생기면, 일단 핵심 단어 두세 개를 메모하고, 그걸 한두 문장으로 정리합니다.

1. 궁금증이 생긴다.
2. 궁금한 내용의 핵심 단어를 적는다.
3. 한두 문장으로 정리한다.

아주 간단하죠? 저는 이 핵심 단어 메모법을 강력히 추천합니다. 아주 심플하지만 머릿속 생각과 궁금증을 금세 정리할 수 있는 방법입니다. 머릿속 연습 없이, 메모지에 짧게 써보지도 않고 질문을 하다가는 십중팔구 질문의 길을 잃기 쉽습니다.

언젠가 과거 수많은 히트곡을 낸, 하지만 현재는 '전성기가 지났다'는 평가를 받는 분을 인터뷰한 적이 있었습니다. 저는 그의 공백이 타의적이기보다 분명 이유가 있는 자의적인 쉼이란 생각이 들었습니다. 아티스트들이 가장 상처 받는 질문 중 하나가 "요즘 왜 이렇게 안 나와요?" 거든요. 조심스럽게 물어야 했습니다.

'왜 요즘은 조용하지? 혹시 어떤 사정이 있는 걸까?'

머릿속에서 생각만 맴돌고 질문이 정리가 잘 안 되더라고요. 그래서 메모지에 핵심 단어를 차분히 적어봤습니다. 침묵, 전성기, 변화. 이 세 단어를 바탕으로 질문을 만들었습니다.

"가장 바쁘고 가장 주목받았던 시기를 지나 지금은 잠시 조용히 자신만의 시간을 보내고 계신데요. 그 '조용함' 속에서 스스로 어떤 변화를 느끼고 계신가요?"

질문을 들은 그는 "그동안 아무도 그걸 물어보지 않았어요. 꼭 이야기하고 싶었는데요"라며 음악 이야기보다는 말의 무게, 침묵 속에서 자신이 발견한 것들, 그리고 '비워내기'에 대한 철학을 풀어 놓았습니다.

질문이 짧고 명료해야 한다는 것은 꼭 기술만 의미하는 건 아닙니다. 질문을 짧게 정리하면서 그 안에 '이해의 시선'을 담는 겁니다. 그래서 저는 질문을 만들 때마다, 머릿속이 아니라 메모지 위에서 그 시선을 정리해 봅니다. 핵심 단어 세 개, 그걸 문장으로 묶어보는 것. 그것만으로도 마음의 방향이 생기거든요.

질문의 길이뿐 아니라 내용도 디자인해야 합니다. 한 개의 질문에는 한 개의 메시지만 담아야 합니다. 주어와 서술어가 두 개 이상 들어가 있는 문장을 복문複文이라고 하죠? 학창 시절, 영어 복문을 만났을 때 끊어 읽기 표시하고, 주어와 서술어에 동그라미 치며 문장을 칼질하며 핵심을 파악하려 애썼던 것 기억나세요? 내 질문이 복문처럼 여러 내용을 담고 있다면, 질문을 받는 사람은 영어 문장을 해석하는 것처럼 질문을 파악하기 위한 복잡한 과정을 거쳐야 합니다. 그러니 좋은 답변을 얻고 싶다면, 한 개의 질문에 한 가지 내용만 담아보세요. 질문을 받는 사람이 불필요하게 문장을 곱씹어서 파악할 필요가 없도록요. 챗GPT에게 장황한 질문의 예를 들어달라고 물었습니다.

> "다양한 문화, 이념, 역사적 내러티브가 융합되어 집단의식의 시대정신을 형성하는 현대 사회의 사회정치적 환경에 내재된 다면적 복잡성을 고려할 때, 특히 모호함이 가득한 상황에서 대인 관계의 복잡한 뉘앙스와 미묘한 복잡성을 어떻게 탐색할 수 있을까요? 권력 역학, 암묵적 편견, 사회적 기대의 상호 작용이 우리의 인식과 상호 작용에 항상 영향을 미치는 직업 환경이나 학문적 담론과 같이 의미 있는 연결을 촉진하고 협업, 성장, 상호이해에 도움이 되는 포용적인 공간을 조성하기 위해 공감, 감성 지능, 문화적 역량에 대한 더 깊은 이해가 필요한 상황에서는 어떻게 해야 할까요?"

뭘 물어보는 질문인지 도대체 파악하기가 힘듭니다. 이 질문에서 핵심 단어를 꼽아보자면 '다면적 복잡성, 대인 관계, 상호이해, 포용적인 공간'입니다. 이 단어들을 조합해서 질문을 정리해 보겠습니다.

"다면적 복잡성이 얽힌 현대 사회에서 대인 관계의 상호이해와 포용적인 공간을 만들기 위해 무엇을 해야 할까요?"

많이 줄였습니다. 그런데 짧은 문장임에도 왠지 내용이 잘 안 들어오지 않나요? 어려운 단어들이 많이 들어있기 때문입니다. 쉬운 언어로, 명료하고, 산뜻하게 질문하는 것이 더 좋습니다. 이렇게 바꿔보면 어떨까요?

"다양한 문화, 역사 등 여러 가지 이유로 복잡한 현대 사회에서 서로를 이해하고, 나와 다른 상대방을 이해하기 위해서는 무엇을 해야 할까요?"

질문이 훨씬 잘 들어오죠? 질문 길이가 아무리 짧아도 어려운 단어, 한자어, 번역어 등이 과도하게 들어가면 좋은 질문이 아닙니다.

다른 말하기에도
통하는 방법

짧은 질문 안에 내 생각의 핵심을 충분히 담을 수 있습니다. 하지만 질문이 너무 짧아 내용이 없거나, 상대가 이해할 수 없다면 곤란합니다. 일본의 정형시 하이쿠는 세상에서 가장 짧은 시입니다. 너무 짧아서 여러 해석을 할 수 있다는 여백의 문학이기도 하죠. 하지만 질문은 해석이 다양해서는 안 됩니다. 질문은 던지는 자나 받는 자나 명확하게 이해하고 있어야 정확한 답변이 나옵니다.

일잘러들의
질문 활용법

함께 일하는 사람을 선택할 수 있다면 저는 망설임 없이 '질문하는 사람'을 선택합니다. 저는 확신합니다. 질문 세례를 퍼붓는 친구가 결국 일에서도 두각을 나타낸다는 것을요. 초반에 뛰어난 능력을 보여주는 친구라 할지라도 질문이 없다면 그 사람의 일은 더 이상 성장하지 않습니다. 여러 번 목격했어요.

질문은 문제의 핵심을 파악하고 해결 방법을 찾게 합니다. 그렇기 때문에 질문을 자주 하는 사람은 자신의 고정관념에 갇혀있지 않고, 문제 해결을 위한 답을 얻기 위해 마음 문이 열려있습니다.

그래서 질문을 던지는 사람과 일을 하면 협업이 훨씬 용이합니다. 무엇보다 저에게 질문을 한다는 것은 제가 대답을 해줄 사람이라는 것을 확신하고, 저의 경험과 일의 성과를 인정한다는 뜻 아니겠어요?

이처럼 일하는 과정에서 동료들에게 자신을 '질문 잘하는 사람'으로 인식시키는 것은 굉장히 지혜로운 일입니다. 특히 조직에서 질문을 잘하는 사람으로 포지셔닝한다면 다양하고 많은 기회가 당신에게 주어질 것입니다. 왜냐하면 질문을 잘한다는 것은 주어진 일뿐만 아니라 적극적으로 자신의 일에 임한다는 태도를 보여주며, 일을 전략적이고 체계적으로 진행하는 실력을 보여주기 때문입니다. 당연히 동료와 상사에게 신뢰를 줄 수 있습니다.

업무 내용을 확인한다

업무 지시 내용을 확인하는 질문은 중요합니다. 실수도 막아주고, 일을 정확히 이해해서 원활하게 할 수 있게 하기 때문입니다. 꼼꼼한 사람으로 기억되는 건 덤이죠. 신입직원 때는 왜 그렇게 상사의 지시가 귀에 잘 안 들어올까요? 한 귀로 들어와서 한 귀로 나가는 것이 느껴질 정도입니다. 저도 그랬습니다. 정신도 없고 '내가 이렇게 말귀를 못 알아듣는 사람이었나?' 자괴감이 느껴졌어요. 이유는 긴장해서 그렇습니다.

자꾸 실수하는 제가 안쓰러웠는지, 직업 군인 출신이던 신배가 제게 비법 하나를 전수해 줬습니다. 지시한 사람의 말을 그대로 복창하라는 겁니다. 군대에서 그런다고요. 예를 들면, 이런 식입니다.

"혜민 씨. 오늘 프로그램 기획서 작성하고, 김 교수님께 전화해서 다음 주 일정 확인하고 섭외 날짜 잡은 후에, 질문지 작성해서 법무부에 공문과 함께 보내세요."

말하는 사람은 한 번에 쭉 말하는 한 문장이지만, 듣는 저는 몇 가지의 지시 사항을 기억해야 하는 상황입니다. 그때 "네?"라고 당황스럽게 반응하거나 "한 번 더 말씀해 주시겠어요?"라고 쉽게 물어보지 마세요. 내용을 다 기억하지 못했을지라도 기억나는 것만큼 다시 질문하세요.

"과장님. 제가 프로그램 기획서 작성하고, 김 교수님께 전화해서 다음 주 일정 확인하라는 말씀이시죠?"

과장님이 한 업무 지시를 다 기억 못했지만 이 정도만 되물어도 괜찮습니다. 이 과정에서 잘못 이해한 정보에 대해서 수정할 기회가 생기고요. 저는 말을 못 알아듣는 사람이 아니라, 일을 확인하는 사람으로 인식될 수 있습니다.

자, 제가 뭐라고 했죠? (얼른 지시 내용을 확인하세요.) "지시한 내용을 확인하는 질문을 꼭 던지라는 말씀이죠?" 네! 정답입니다.

목표를 파악한다

"이 일의 궁극적인 목표는 무엇입니까?" 이 질문은 프로젝트의 핵심을 먼저 파악하고 일을 설계하겠다는 의지를 보여줍니다. 또한 나에게 주어진 일만 관심 있는 것이 아니라, 내가 맡은 일이 프로젝트 중에서 어느 정도의 비중을 차지하고 있고, 어떤 영향을 끼치는지, 어떤 역할을 하는지에 관심이 있다는 것을 알리는 질문이기도 합니다. 이때 "이 프로젝트의 성공을 알 수 있는 지표 등이 있습니까?"라는 질문을 덧붙여도 좋습니다. 이 질문으로 당신은 일에 대한 성장 의지와 책임감이 있는 사람임을 보여줄 수 있습니다. 상사 입장에서 이런 질문을 던지는 직원은 맡은 일의 경중에 상관없이 일의 키를 잡고 일하는 직원으로 인식할 수밖에 없겠죠.

자신의 역할을 묻는다

"저에게 이 업무를 맡기는 이유가 무엇인가요?" 강의나 행사에 저를 섭외하려는 분들과 첫 미팅을 할 때, 저는 이 질문을 꼭 던집니다. 일을 제안하는 측의 답변이 내가 할 수 있는 것, 하고 싶은 일과 일치했을 때만 일을 수락합니다. 제가 할 수 없는 일을 맡을 수는 없으니까요. 이 질문을 통해 나의 어떤 기능이 이 프로젝트에 필요한지 파악할 수 있기 때문에, 나의 효용성에 대해 확인할 수 있습니다. 무엇보다도 저에게 일을 의뢰한 이유를 더 분명하게 파악해 불필요한 업무를 줄이고, 중요한 요소에 집중할 수 있게 해줍니다. 프리랜서는 일을 의뢰받은 입장이지만, 이 질문을 던진 순간부터는 일의 주도권을 가지고 오게 됩니다.

반면 직장인의 경우는 다릅니다. 회사에서 맡기는 일이 내가 좋아하지도 않고 할 수 없는 일이라도 해내야 합니다. 때문에 이 질문을 직장인이 활용할 때는 결이 조금 달라져야 합니다. "이 일을 왜 제가 해야 하나요?"라고 따지는 태도가 아니라는 거, 잘 아시지요? MZ세대 신입사원 밈으로도 유명한 "이걸요? 제가요? 왜요?"의 의미가 아닙니다. 만약 업무 지시를 할 때마다 이렇게 말하는 사람이 있다면, 조직의 어느 누가 함께 일하고 싶어 할까요? 회사에서의 거의 대부분의 일은 협업이 기본인데 말입니다.

"제게 이 일을 맡겨주셔서 감사합니다. 그런데 제가 이 일을 잘할 수 있는 사람인지 조금은 걱정이 됩니다. 왜 저에게 이 일을 맡기시는 건지 말씀해 주시면, 더 잘 해낼 수 있을 것 같습니다"라고 질문을 던져야 합니다. 겸손한 태도는 물론이며, 일에 있어서 자기주도적인 인재임을 보여줄 수 있습니다.

의견과 조언을 구한다

회사에서 단순한 선후배 관계가 멘토와 멘티로 발전되는 경우는 많은 경우 후배가 선배에게 질문을 던지면서 시작됩니다. "제가 이 업무를 잘하기 위해 어떤 준비를 해야 할까요?", "선배님은 이 일을 어떻게 하셨나요?", "제가 더 잘할 수 있는 방법이 있을까요?"라는 질문을 받고 기분 나빠할 선배는 하나도 없습니다. 왜냐하면 질문을 한다는 것은 도움을 요청한다는 뜻이며, 당신은 내가 도움을 청할 만큼 충분히 자격이 있는 사람으로 인정한다는 말이기 때문입니다. 저는 후배들에게 늘 이야기 합니다.

"물어보지 않는 건 바보야. 너희는 지금 모르는 게 당연해. 질문을 할 수 있는 특권을 가지고 있어. 끊임없이 질문해서 선배들의 답을 들으렴. 그게 너희들이 이곳에서 얻어갈 수 있는 자산이야."

물론 이 이야기를 들은 친구들이 모두 질문을 던지지는 않습니다. 절대 질문하지 않는 사람도 있죠. 그렇다면 저도 굳이 답을 주거나 도움을 주지 않습니다. 필요치 않은 것 같은데 먼저 주기는 어렵잖아요.

반면에 저에게 질문을 던지는 후배들에게는 늘 최선의 답을 주기 위해 노력합니다. 질문 이상의 것을 나눠주고 싶죠. 저의 두 번째 책《지금보다 괜찮은 어른》에는 저에게 끊임없이 질문을 던졌던 후배들의 추천사가 실려 있는데요. 이들은 모두 방송국에 인턴으로 들어온 대학생들이었습니다. 친구들은 제게 묻고 또 물었습니다. 질문은 눈덩이 같아서, 한번 질문을 시작하면 그 뒤로 질문이 다른 질문을 불러옵니다. 업무에 관한 질문으로 시작됐지만, 업에 대한 질문으로 확장되고, 인생에 대한 고민까지도 나눌 수 있는 관계로 깊어지게 만듭니다. 이들은 지금까지도 저에게 각양각색의 질문을 던지며 저와 관계를 이어갑니다. 만약 멘토로 삼고 싶은 선배가 있다면 질문을 던져보세요. 당신의 업무 역량이 향상됨은 물론이며, 배우고자 하는 태도와 열린 마음을 보여줄 수 있습니다.

토론을 독려하고
협업을 이끌어낸다

협업을 이끄는 질문은 리더들이 많이 해야 하는 질문입니다. 제가 꼽는 최악의 상사 중 한 명은 "그냥 이렇게 하세요"라는 말을 정말 많이 했습니다. 자연스럽게 그의 앞에서 자신의 의견을 말하는 직원은 사라지고, 모두 입을 다물었습니다. 저는 이 말을 들을 때마다 '자신의 경험과 지식만 믿고 어떻게 회사 일을 제멋대로 할 수 있을까?' 하고 생각했습니다. 자신의 생각만이 맞다는 그의 자만심에 정말 화가 났습니다.

회사의 일은 개인기로 할 수 있는 일이 아닙니다. 아무리 능력이 뛰어난 사람이라도 독단적으로 조직을 끌고 가는 방식을 고수하다가는 조직 내에서 오래 버틸 수 없습니다. 더 심각한 것은 한 사람의 이런 태도가 조직문화를 망가뜨린다는 겁니다. 아무도 질문하지 않고 의견을 내지 않는 조직에 무슨 발전이 있겠습니까? 질문이 없는 보고, 질문이 없는 회의는 아무 의미가 없습니다.

"이 부분에 대해 어떻게 생각하세요?", "좀 더 나은 방향이 있을까요?", "이전과 다르게 새롭게 해볼 수 있지 않을까요?" 등은 다양한 관점과 완전히 새로운 아이디어를 가져올 수 있는 대단한 힘을 가진 질문입니다. 이런 질문을 그냥 툭 던지기만 해도 줄줄이 물고기가 낚이는 것처럼 여러 사람의 아이디어가 쭉 모이는데, 질문을 안 하다니 참 답답한 노릇입니다.

TBWA KOREA 조직문화연구소 박웅현 소장은 아이디어 회의 할 때 "기한이 2주 남았는데 아이디어 좀 내 봐. 오른쪽부터 쭉 돌아가면서 말해봐"와 같은 지시는 절대 아이디어를 나오게 하지 않는다고 지적합니다. 대신 그는 "어제 아이랑 뭐 하고 놀았어?", "요즘 무슨 책 읽어? 그 책에서 뭐가 좋았어?" 등과 같이 회의 주제와 관련 없는 질문을 던집니다. "아, 요즘 애들은 그렇게 놀아? 그 포인트를 이 광고랑 이렇게 연결해 볼 수 있지 않을까?"라며 이 질문들을 가지고 광고의 콘셉트를 설계하도록 팀원들을 독려한다고 합니다. 자유롭게 의견을 내고 토론할 수 있도록 조직 내에 협업을 끌어오는 질문은 이처럼 다양합니다.

협업을 이끄는 질문을 할 수 있는 리더는 그냥 되지 않습니다. 팀원일 때부터 질문을 던져야 합니다. "당신은 어떻게 생각하세요?", "어떻게 하면 이 프로젝트를 우리가 더 잘 수행할 수 있을까요?", "당신이 가장 잘할 수 있는 부분은 무엇인가요?". 일하는 과정에서 이런 질문을 자주 하는 사람은 팀 안에서 신뢰를 얻고 소통을 잘하는 사람임이 분명합니다. 그리고 다른 사람의 업무도 자연스럽게 이해하면서, 팀 전체의 업무 흐름을 누구보다 잘 파악할 수 있는 인재일 것입니다.

좋은 소통을 위한
질문의 기술

질문은 나에게 모호한 것을 상대의 지식과 경험에 기대어 답을 찾는 행위입니다. 그러므로 질문은 반드시 내가 모르는 것을 분명하게 표현해야 하며, 내가 궁금한 내용을 구체적으로 물어야 합니다. 결국 질문을 받는 사람의 마음에 내 질문이 얼마나 가닿느냐가 좋은 답변을 들을 수 있는 비법입니다. 그러기 위해서는 몇 가지 질문의 기술이 필요합니다.

모든 창작자들은 시작, 처음 도입부를 가장 공들여 만듭니다. 긴 콘텐츠를 소비하지 않는 요즘 세대의 마음을 얻기 위해서는 더욱 그러하죠. 저도 다큐멘터리를 제작할 때 가장 공을 들이는 것은 무엇보다 오프닝입니다. 고 임세원 교수의 추모 다큐멘터리는 고인의 생전 목소리, 아들과 스키장에 놀러갔을 때의 음성으로 문을 열었습니다. 스키를 타고 내려오는 아들을 보며 감탄하고 걱정하는 아주 평범한 아버지의 목소리로요. 일상의 대화와 목소리, 그것만큼 듣는 사람에게 고인의 부재를 절절하게 느끼게 하는 것은 없으니까요. 한편, 자살 예방 다큐멘터리 〈검색할 수 없는 두 글자〉는 자살이라는 단어를 키보드로 치는 '탁, 탁' 소리로 시작했습니다. 이처럼 다큐멘터리의 시작은 강력한 소리와 메시지로 사람들의 귀를 붙잡아 놓는 것이 중요합니다.

질문의 시작도 마찬가지입니다. 질문 도입부에 따라 답변하는 사람은 이후 질문의 내용을 기대하기도 하고, 자신이 해야 할 답변의 수준을 결정합니다. 그렇다면 어떻게 질문을 시작할까요?

겸손과 칭찬은 최고의 기술이다

질문자의 첫인상은 굉장히 중요합니다. 질문자의 첫인상이 질문의 시작이기 때문입니다. 저는 질문자의 첫 질문만 들어도 그 사람의 상황 파악 수준, 장악력, 사람을 다루는 감수성, 그리고 '말의 뉘앙스'에 대한 예민한 인식까지 파악됩니다. 짧은 질문을 던지는 찰나에도 질문자의 성격이 느껴지기 마련이거든요. 아무리 황당하고 수준 낮은 질문도 질문자가 진정성과 수용성을 갖추고 질문한다면 정성껏 대답하고 싶어집니다.

　이때 가장 효과적인 기술은 바로 겸손입니다. "제가 잘 몰라서 그러는데…", "제가 이해를 잘했는지 모르겠지만…"으로 질문을 시작한다면, 실제로 이해를 못해서 던지는 질문이라 해도 못나 보이지 않습니다. 혹 상대의 의견과 반대되는, 날이 서거나 불편한 질문도 부드럽게 다가갈 수 있습니다. 왜냐하면 겸손은 '나는 어떤 답변도 잘 새겨듣겠다'는 높은 수용성을 보여 주는 미덕이거든요.

　요즘 젠더 이슈가 정말 예민합니다. 20대 남성들을 대상으로 강의할 때 저도 모르게 위축되고, 조심하게 되는 주제 중 하나기도 합니다. 여성의 입장에서 상식적인 이야기를 하다 보면 꼭 한 명은 제게 이런 공격적인 질문을 던집니다. "요즘 여성의 권리가 아니, 여성 권력이 얼마나 세졌는지 아십니까? 작가님은 예전 이야기를 하시네요." 이런 질문자를 만나면 저는 속으로 생각합니다. '오호. 바로 당신이 보수화된 20대 꼰대구나.' 반면 겸손의 기술을 발휘해 "작가님. 제가 남성이다보니 잘 모를 수도 있지만, 사실 요즘은 여성의 권리는 물론이며 여성이 권력을 더 가진 세상이 아닌가 싶습니다. 그래서 여성들이 목소리를 높일 때마다 솔직히 불편합니다. 이런 제 생각에 대해 어떻게 생각하시나요?"라고 물어보는 질문자라면 그는 제게 젊은 꼰대가 아니라, 함께 토론하고 답을 찾아갈 좋은 토론자입니다.

겸손과 함께 칭찬은 말할 것도 없이 좋은 첫인상을 심어주는 좋은 기술입니다. "제가 요즘 이 부분에 고민이 많았는데, 오늘 강의가 굉장한 도움이 됐습니다", "우리 회사에 꼭 필요한 조언을 해줘서 고맙습니다", "저는 평소 작가님의 책을 즐겨 읽었습니다" 등으로 질문을 개시해 보세요. 질문자의 첫인상은 신뢰를 심어주며, 이 신뢰를 바탕으로 돌아오는 답변과 반응은 분명 더 성의 있고 품격 있을 겁니다.

명심하세요. 질문자의 첫인상은 결국 '이 사람과 대화하고 싶은가'를 결정하는 가장 빠르고도 확실한 시그널입니다.

긍정적 표현으로
대화의 운동장 넓히기

제 동생은 어릴 때 어머니께 질문할 때 늘 부정적인 표현으로 물었습니다. "엄마, 나 물 마시면 안 돼요?", "엄마, 나 놀러 나가면 안 돼요?" 이런 식으로 말이죠. 저희 어머니는 그때마다 "엄마, 나 물 마셔도 돼요?", "엄마, 나 놀러 나가도 돼요?"라고 물으라고 표현을 수정해주셨습니다. 그때 왜 어머니가 그렇게 하셨는지 이제는 알 것 같습니다. 부정적 표현보다 긍정적 표현을 쓰라는 가르침이겠지요. 물론 그저 언어 습관일 뿐이라고 생각할 수 있습니다만, 이 습관이 사고에도 영향을 끼칩니다. 컵에 물이 반 잔 들어있는 것을 보고, 누군가는 '물이 반 잔이나 있네!'라고 생각하는 반면, 다른 이는 '물이 반 잔 밖에 없네!'라고 인식하는 것처럼 말입니다.

긍정적 표현의 질문은 특히 문제 해결을 해야 하는 상황에서 큰 힘을 발휘합니다. 지금 이 두 문장을 소리 내서 읽어보세요.

"이 문제를 해결할 방법이 있을까요?"
"이 문제를 해결할 방법은 없을까요?"

전자는 나도 모르게 목소리에 힘이 들어가고 높아지는 반면, 후자는 목소리의 힘이 빠지고 낮아지지 않나요? '~하면 안 돼?'라는 표현에는 '가능'이 아닌 '불가능'이 전제됐기 때문입니다. 질문을 받는 사람이 자유롭고 열린 답변을 하지 못하게 장막을 치는 셈이지요. 이렇게 되면 대화의 흐름의 폭이 좁아지고, 상대방은 자신도 모르게 방어적이고 소극적으로 답변할 수 있습니다. 팀에서 함께 일을 하는 동료들에게도 "이것 말고는 정말 없나?"라는 질문보다 "이것 말고도 더 있지 않을까?"라고 묻는 것이 훨씬 더 나은 결과를 가지고 옵니다.

긍정적인 표현으로 질문과 대화의 운동장을 넓혀 보세요. 그 안에서 공을 주고받으며 얼마든지 확장되고 생산적인 문제 해결 방법을 찾을 수 있습니다.

빙빙 돌리지 말고
구체적으로 물어보라

저는 방송을 하거나 강연을 할 때 듣는 사람이 구체적으로 실천할 수 있는 방안을 전달하려고 애씁니다. 그래야 누군가의 삶을 한

걸음이라도 나아갈 수 있게 하니까요. 저의 첫 책《눈떠보니 50》은 우리 사회에 존경받는 50대 이상의 지식인들을 만나 인생 후반기에는 어떤 가치를 가지고 무슨 준비를 해야 하는지를 인터뷰 한 책입니다. 저는 '가치'뿐 아니라 한 가지라도 실천할 수 있는 '준비'에 방점을 찍고 이 책을 썼습니다. 책을 읽는 독자들은 이미 중년과 노년기를 잘 살아내고자 하는 의지를 가진 사람들이니 구체적인 액션플랜이 더 절실할 것이라고 판단했기 때문입니다.

50대에는 노년의 부모를 봉양하는 일이 가장 큰 과제 중 하나죠. 치매 걸린 노모를 위해 십여 년이 넘게 직접 밥을 하고 어머님을 돌본《나는 매일 엄마와 밥을 먹는다》의 정성기 작가를 인터뷰하고 〈지금 사랑하지 않으면 부모는 기다려 주지 않는다〉라는 글을 책에 실었습니다. 정성기 작가는 정말 대단한 분이셨습니다. 당연히 '나라면 이렇게 할 수 있을까?'라는 질문이 떠올랐고, 나중에 내가 정 작가처럼 할 수 있으려면 '지금 내가 무엇을 준비해야 할까?'라는 질문으로 이어졌습니다. 그리고 내가 지금 할 수 있는 일들을 정리해 십계명을 만들었습니다. 그러자 효자가 되어야 한다, 부모를 잘 돌봐야 한다라는 거시적인 가치가 아니라, 구체적인 행동 원칙 10가지가 정리됐습니다.

질문도 마찬가지입니다. 추상적인 질문이 아닌 구체적인 질문을 던져야만 도움이 되는 방향키 같은 답변을 얻을 수 있습니다. 저는 강연이나 발표 혹은 인터뷰가 구체적이지 않을 때, 같은 내용만 빙빙 반복될 때 정말 짜증이 나더군요. 그래도 포기하지 않고 뭐라도 얻어가기 위해서 구체적인 질문을 던집니다.

"왜 그 점을 강조하셨나요? 왜 이 방법이 핵심 키라고 생각하셨죠?", "어떻게 그런 도전을 하실 수 있었나요?", "어떻게 멘털 관리를 하시나요?", "만약에 그때 이런 결정을 하지 않으셨다면, 어떻게 인생이 펼쳐졌을 것이라 생각하세요?"

구체적인 질문이 좋은 이유는 상대의 답변을 나의 삶에 적용하기 쉬워진다는 점 때문입니다. "어떻게 하면 좋아요?"보다는 "하루 30분밖에 시간이 없는데, 이 시간을 어떻게 써야 한다고 생각하세요?"와 같은 구체적인 질문이 훨씬 유용합니다. 구체적인 질문은 결국 현실에서 바로 실천할 수 있는 길을 열어줍니다.

구체적으로 질문하려면 '왜, 어떻게, 만약 ~라면' 등의 무기를 활용하세요. '왜'라는 질문은 과정과 아이디어를 더욱 깊게 알고 싶을 때 던질 수 있는 질문입니다. '어떻게'라는 질문은 과정이나 방법에 대해 더 폭넓게 물을 수 있는 질문입니다. 마지막으로 가정법 '만약 ~라면'이라는 질문은 주제를 확장시킬 수 있으니, 세부적으로 무언가를 더 알고 싶다면 활용하세요.

나만의 표현으로 질문하라

마지막 기술은 자신만이 쓸 수 있는 표현으로 질문하는 것입니다. 평범한 질문도 나의 언어로 물어본다면 깊은 고민과 사색 끝에 나온 질문처럼 느껴집니다. 안창호의 딸, 안수산 장교에 대한 소설 《언제든지 스마일》을 쓴 박경희 작가를 인터뷰하면서 "안수산 장교를 품게 되신 이유는 무엇이었나요?"라고 물었습니다. 다른 곳에서도 안수산 장교를 소재로 소설을 쓴 계기를 많이 물어봤을 것 같아서, 저는 표현을 조금 달리해 질문했습니다.

이슬아 작가가 평범한 이웃 어른 일곱 분의 인터뷰를 엮은 《새 마음으로》라는 책에 관한 인터뷰를 할 때는 "그분들을 담은 책을 보면서 저는 단편영화 일곱 편을 본 느낌이었어요. 작가님은 집필하셨을 때 어떠셨어요?"라고 물었습니다.

이슬아 저한테도 한 편 한 편이 나름대로 드라마가 있는데요. 사실 이 모든 이야기가 시사 잡지의 르포 기사 같은 것으로 딱딱하게 다뤄지기도 하는 노동 문제, 노동자 인권 문제로 다뤄질 수도 있지만, 기사에서는 사실 이분들의 개인적인 기질이나 사랑하고 우정하는 능력 같은 것은 누락될 수밖에 없는 것 같아요. 그런데 저는 이분들의 사랑력, 우정력 같은 것을 전혀 누락시키지 않고, 좀 긴 분량을 들여서 다루고 싶었고요. 그래서 그 드라마를 제외하지 않고 쓰는 경향이 있습니다. 이건 수필이랑 인터뷰가 할 수 있는 어떤 이야기잖아요.

김혜민 이 일곱 분의 인터뷰와 나눈 이야기 중에 작가님이 가장 드라마 같다고 생각했던 인생의 한 장면이 있으셨어요?

'단편영화 일곱 편'이라는 표현으로 물꼬를 튼 질문 덕에 이후 인터뷰는 드라마라는 콘셉트를 미리 정하고 대화를 나눈 것처럼 물 흐르듯이 진행됐죠. 인터뷰의 분위기는 말할 것도 없이 좋았겠죠?

제가 소개해 드린 기술 외에도, 여러 방법들이 있을 것입니다. 나만의 질문 기술을 지금부터 연마한다면, 여러분은 어디서나 환영받는 좋은 질문자가 될 것입니다.

Part 4

모든 관계는
질문에서 시작된다

사람의 마음을 여는
작은 질문 하나

좋은 질문을 통해 맺어진 관계는 쉽게 끊어지지 않습니다. 저는 프로그램을 통해 일로 만났지만 끝난 후에도 서로 안부를 주고받는 인터뷰이들이 많이 있는 편입니다. 좋은 인연을 이어갈 수 있었던 건 바로 질문을 통해 맺은 깊은 신뢰와 존중 때문이었습니다. 상대는 제가 던지는 질문을 보며 어떤 시선으로 자신을 바라보고 있는지를 파악합니다. 처음에는 어색함과 경계심을 가지고 있었더라도, 자신에 대해 많은 자료 조사와 정보를 바탕으로 묻거나 자신의 성취를 평가하는 질문을 받으면 '아, 이 사람은 나를 이해하려는 사람이구나'라고 생각하며 어느 순간부터는 표정도, 목소리도 부드러워졌습니다. 그리고 그때 나오는 이야기가 진짜였습니다.

특히 〈YTN라디오 생생경제〉를 진행할 때 그런 경험을 많이 했습니다. 경제 문제는 사실 숫자와 데이터가 중심이라 딱딱하기 쉽지만 인터뷰이에게 "이 정책을 기획하실 때 가장 고민하셨던 부분은 무엇이었나요?", "어떤 시민들의 목소리가 가장 기억에 남으셨나요?" 같은 질문을 꼭 던졌습니다. 그러면 정책 담당자도 단순한 정책 설명을 넘어서 정책을 만들 때 느꼈던 어려움, 그리고 현장에서 만난 사람들의 이야기를 꺼내놓습니다. 숫자나 자료가 아닌 '사람 이야기'가 나오는 순간, 청취자들도 더 깊게 공감하고 인터뷰이도 자신의 이야기를 더 잘할 수 있었습니다.

강연에서도 마찬가지였습니다. 〈우리는 지금 괜찮은 어른이 되었을까〉 강연을 할 때, 어떤 청중이 이렇게 질문했습니다. "작가님, 괜찮은 어른이 되는 것보다 지금 그냥 살아내는 것도 버겁다면 어떡하죠?"

그 질문을 받는 순간, 저는 강연자로서 가르치거나 이끌려고 하지 않았습니다. 대신 그분의 이야기를 다시 질문으로 되돌렸습니다. "그 힘든 상황에서도 강연에 오신 이유가 있을 것 같은데요. 그 마음부터 한번 나눠볼까요?"

그분은 짧게, "저도 누군가의 괜찮은 어른이 되고 싶어서요"라고 답했습니다. 그 순간 강연장의 공기가 달라졌습니다. 질문 하나가 누군가의 마음을 열고, 그 자리에 있던 모두가 서로를 조금 더 이해하는 계기가 된 겁니다.

좋은 질문은 단순히 지식이나 정보를 끌어내는 것이 아닙니다. "나는 당신을 궁금해하고, 소중하게 생각합니다"라는 표현입니다.

당신의 말을 듣겠다는
강력한 시그널

월간 《톱클래스》의 김민희 기자는 상대가 어떤 사람인지 알고 싶을 때, "당신에게 가장 궁금한 사람이 누구인가요?"라는 질문을 던진다고 합니다. '나는 누가 궁금한가?'에 자신의 결핍과 욕망이 투영된 경우가 많기 때문이라고 합니다.

> 타인의 마음을 궁금해하는 사람들이 많아지면 좋겠다. 누군가를 궁금해하는 건, 상대뿐 아니라 나와 친해지는 과정이기도 하다. 내가 무엇을 궁금해하는지를 안다는 건, 내가 어떤 사람이 되고 싶은지, 어떤 삶을 지향하는지를 인식하는 열쇠

가 된다. 질문이 많아지는 사회를 환영한다. 더 단단해지고, 더 연결되며, 더 성숙한 사회를 위하여.

_김민희,《톱클래스》 2024년 10월호 중에서

　당신은 처음 만나는 사람에게 어떤 질문을 가장 먼저, 그리고 많이 던지나요? 내가 자주 하는 질문은 사람을 볼 때 어떤 점을 가장 중요하게 여기느냐의 견본이 됩니다. 만약 돈과 부동산에 관심이 많다면 만나들 사람들에게 "요즘 어떻게 재테크하세요?"라고 자주 물을 겁니다. 개인의 정치 성향을 중요하게 여긴다면 최근 가장 뜨거운 정치적 사건에 대한 견해를 질문하겠죠. 면접관들도 개인의 관심사와 중요도에 따라 질문들이 달라집니다. 인재에 대한 정의가 다 다르다는 뜻입니다. 그렇다면 저는 사람들에게 어떤 질문을 가장 많이 하고 있는지 궁금해지더군요. 챗GPT에게 물어봤습니다.
　"김혜민 피디는 인터뷰에서 사람들의 이야기를 이끌어내기 위해 깊이 있고 공감할 수 있는 질문을 많이 던지는 것으로 유명합니다. 가장 인상적인 질문 중 하나로 꼽힌 것은 보통 '지금 당신이 진정으로 원하는 것은 무엇인가요?' 같은 질문들입니다. 이는 개인의 목표, 열망, 가치관 등을 깊이 들여다보게 만드는 질문으로, 특유의 따뜻한 시선과 함께 사람들의 진솔한 답변을 이끌어 내곤 합니다. 이외에도 '어떤 순간에 가장 행복하셨나요?'와 같은 질문 역시 인터뷰의 흐름을 특별하게 만들며, 사람들이 그동안 미처 생각하지 못했던 삶의 가치나 행복의 순간을 되돌아보게 만듭니다."

저 역시도 제가 가장 중요하다고 생각하는 가치인 '나의 욕망'과 '행복한 순간들'에 대해 주로 질문했군요. 저는 정말 이 두 가지 질문으로 다양한 사람들과 인연의 끈을 이어가고 있습니다. 김민희 기자는 '당신은 누가 가장 궁금한가요?'라는 질문으로 상대를 알아가는 것처럼, 저는 이 두 질문에 대한 답을 통해 상대를 탐색합니다.

이처럼 질문은 상대와의 관계를 시작하게 하고, 발전시킬 수 있는 힘이 있습니다. 그러나 아무 질문이나 이런 힘이 있는 건 아닙니다. 질문을 잘 해야 합니다. 인간관계에 있어서 질문은 단추를 하나하나 채워가는 식의 질문이어야지, 지퍼를 확 올리는 식의 질문은 곤란합니다. 사람의 마음은 "열려라, 참깨" 한다고 쉽게 열리는 것이 아니니까요.

질문은 누군가와 깊은 대화를 할 때 가장 효과적인 도구입니다. 질문은 내가 말하는 것이 아니라, 상대의 말을 듣겠다는 강력한 시그널입니다. 질문을 던진다는 것은 당신의 이야기가 궁금하다는 뜻입니다. 가벼운 질문으로 스몰토크를 이어 간 후, 상대방의 현재 감정 상태나 최근 가장 신경을 많이 쓰는 사건에 대해 직접적으로 물어보면서 소통을 시작하면 됩니다.

  처음부터 직접적으로 물어보는 것이 부담스럽다면, 질문을 던지기 전에 "너 요즘 많이 힘들어 보이더라", "너 요즘 많이 핼쑥해졌는데 무슨 일 있는 거야?" 등 '당신을 계속 관찰하고 지켜보고 있었다'라는 표현을 먼저 시작해 보세요. 그러면 이야기 전개가 훨씬 쉽습니다. 아무리 말이 없는 사람도, 자신의 속내를 잘 드러내지 않는 사람도 자신을 궁금해하고 애정 어린 시선으로 관심을 갖는 사람에게 자기 이야기를 하기 싫어하는 사람은 결코 없습니다. 분명 서서히 내면의 이야기를 털어놓을 것입니다.

마음 문을 노크하는 스몰토크

  제가 대화법을 강의할 때 첫 시간에 하는 순서가 있습니다. 둘씩 짝을 지어 공통점 세 가지를 발견하는 건데요. 질문을 던지면서 서로를 알아 가는데 목적이 있습니다. 이때 질문은 '네, 아니오'가 아닌 다양한 대답이 나올 수 있는 질문이 좋습니다. 단, 생각이나 감정을 물어보는 질문보다는 정보 위주의 질문이어야 합니다. 예를 들면 "휴일에는 주로 뭐 하세요?", "어느 계절 좋아하세요?" 등과 같이 가벼운 취향과 경험을 묻는, 누구나 부담 없이 답할 수 있는 질문이 좋은데요. 이게 바로 스몰토크입니다. 스몰토크를 잘하는 사람들이 대화에 능숙합니다. 스몰토크가 별것 아닌 것 같아도, 생각처럼 쉬운 것만은 아닙니다. 요즘은 〈스몰토크 하는 법〉 강좌가 따로 열릴 정도로 스몰토크를 자연스럽게 잘하고 싶어 하는 분들도 많습니다.

스몰토크로 시작했지만, 생각보다 빨리 그리고 깊게 속내의 이야기를 나눌 때도 생깁니다. 20대 취준생 진호 씨를 오랜만에 만난 어느 날, 그의 낯빛이 너무 안 좋아보이더군요. 그러나 다짜고짜 왜 그러냐고 묻지 않았습니다. 20분 정도를 쓸데없는 이야기를 이어갔습니다. 어느 정도 분위기가 무르익은 것 같아 "요즘은 무슨 일을 하면서 시간을 주로 보내요?"라고 물었습니다. 그러자 그는 "저는 아무것도 준비하고 있지 않아요"라고 답했습니다. 바로 이때가 대화를 더 깊이 나눌 수 있는 기회입니다.

한창 미래를 꿈꾸고 투자해야 할 때 '나는 아무것도 하지 않고 있다'라고 말하는 건 이유가 분명히 있을 겁니다. 그 이유가 바로 그가 가지고 있는 가장 큰 고민일 가능성이 제일 큽니다. 아무것도 준비하고 있지 않는다라는 답변을 또 다른 질문으로 받아 대화를 이어가면 됩니다. "저도 비슷한 경험이 있었어요"라고 공감한 후, "충분히 그럴 수 있어요. 어떻게 달려가기만 하겠어요. 그런데 들어보니 이전에는 무언가 했던 것 같았는데, 궁금해요. 어떤 일이 있었나요?"라고 되물었습니다. 그러면 대부분 자신의 지난 이야기를 털어놓습니다.

이런 질문 활용은 소개팅에서 아주 효율적인 공략법이 될 수 있습니다. 또한 공적인 관계로 만나서 단편적인 대화만 나눈 사이인데 조금 더 깊은 대화를 해야 하는 경우가 있다면, 이와 같은 방법으로 대화를 확장 시켜갈 수 있습니다. 팀장으로서 팀원의 고민을 파악해야 하는 경우나, 주변 사람들과 깊은 대화를 할 때도 이 같은 질문 기법을 사용해 보세요. 스몰토크는 단지 대화를 위한 준비운동이 아니라, 마음의 문을 노크하는 방식이기도 합니다. 그 문이 열리면, 그때부터 진짜 대화가 시작되거든요.

이렇게 깊은 이야기를 나누다 보면, 때로는 '죽고 싶다'라는 생각까지 하고 있는 상대의 마음 바닥에 닿게 될 때도 있습니다. 생각보다 주변에 많습니다. 저도 깜짝 놀랐어요. 그래서 저는 실용적 자살중재기술훈련[ASIST]을 배웠습니다. 이 훈련은 자살을 생각하는 사람에게 어떤 질문을 던져야 하는지를 알려줍니다. 이 과정에서 가장 중요한 질문은 "너 자살을 생각하고 있는거니?"라고 직접적으로 묻는 것입니다. 자살을 직접적으로 물어야 하는 일이 어려울 수도 있지만, 이렇게 직접적인 질문은 상대가 자신이 자살을 생각하고 있다는 것을 자각하게 합니다. 또한 "당신이 자살을 생각하고 있더라도 나는 이해할 수 있어요"라는 수용의 메시지를 전달할 수 있기 때문입니다.

이 질문을 시작으로 대화를 나누면서 여러 가지 질문을 던지다 보면 자살로 향해 있던 사람의 마음을 돌릴 수 있는 전환점들을 발견하게 됩니다. 이야기 끝에 "잘 모르겠어요. 혼란스러워요. 죽는 것 말고 답이 있을까요?"라는 질문이 최종적으로 나온다면, "혼란스러우시군요. 그렇다면 지금 당장 자살을 시행할 필요는 없겠어요. 더 생각해 볼 시간을 스스로에게 주시겠어요?"라며 자살 시도자의 안전을 확보할 수 있습니다. "정말 저에게 희망이 있을까요?"라고 묻는다면 "그럼요. 우리 함께 방법을 찾아봅시다. 도움을 요청하는 일을 포기하지 마세요"라는 말로 지지해 줄 수 있습니다.

자살중재기술훈련 교육을 받으러 갔더니, 여러 기업의 인사팀 담당자분들도 많이 계시더군요. 요즘은 직원들의 마음과 자살 예방을 관리하는 일이 인사팀의 주요 업무가 됐습니다. 개인의 자살 사고나 정신적 문제가 조직의 붕괴로 이어질 수 있기 때문입니다. 상황에 따른 질문 활용법을 알아두면 조직을 관리하고 동료와 직원들을 도울 때에도 효과적입니다.

내용보다 태도가
더 중요하다

앞에서 제가 예로 든 질문들을 보셔도 아시겠지만, 인간관계에서 필요한 질문의 내용이 대단히 좋거나 획기적일 필요는 없습니다. 그것보다 질문을 던지는 사람의 마음이 질문에 묻어나는 것이 더 중요합니다. 질문을 받는 사람은 스몰토크나 질문을 보며 '이 사람은 대화할 준비가 된 사람일까', '이 질문이 진짜 궁금한 걸까, 아니면 공격을 위한 핑곗거리일까' 하는 감각이 직감처럼 옵니다. 질문에는 눈빛은 없지만 기운은 있거든요. 그러기 위해 질문을 할 때 톤과 속도에 신경을 써야합니다.

공적인 상황에서 질문자로서 질문을 던질 때 힘 있고 높은 톤의 목소리가 훨씬 효율적이지만, 1대1로 질문을 던질 때는 그렇지 않습니다. 상대의 눈을 마주치고 톤은 평소보다 0.5배 느리게, 말투는 다정하게 해보세요. 평범한 듯 하지만 다정한 질문이 당신에게 좋은 관계를 선물해 줄 것입니다.

피터 드러커처럼 질문하라

세계적으로 많은 유명인들이 경영학자이자 작가인 피터 드러커를 만나고 싶어 했습니다. 그래서 거금을 들여서 그에게 청해 식사 자리를 가졌습니다. 그 자리에서 피터 드러커는 늘 질문 몇 개만 던졌다고 합니다. 그럼에도 그를 만난 기업인들이나 유명인들은 '피터 드러커를 만나고 나면 복잡한 문제들이 다 해결됐다'라는 후일담을 내놓았습니다.

피터 드러커의 질문은 간단합니다. 하지만 어떤 상황에서도, 누구에게나 적용할 수 있는 질문이기도 합니다. 첫째, 무엇이 우리의 미션·사명인가? 둘째, 누가 우리의 고객인가? 셋째, 우리 고객이 가치 있게 생각하는 것은 무엇인가? 넷째, 우리가 도달·달성해야 하는 결과는 무엇인가? 다섯째, 우리의 계획은 어떠해야 하는가?

피터 드러커의 다섯 개의 질문은 개인이나 조직이 원하는 결과를 이루기 위한 초석이 됩니다. 질문에 대한 답을 찾는 과정에서 자신이 가진 자원을 배분하고 구상하면서 방향을 잡을 수 있기 때문입니다. 피터 드러커는 급변하는 불확실한 세상 속에서 적어도 3년에 한 번은 이 다섯 개의 질문으로 자신과 조직을 점검하라고 권유합니다. 이처럼 그의 질문들은 현재의 위치를 재점검하고 미래의 방향을 세울 수 있게 합니다.

생각을 명확히 하는 다섯 개의 질문

저는 강사들을 대상으로 강의할 때, 피터 드러커의 질문을 소개합니다. 특히 자살 예방이나 소비자 운동 등 가치를 가르치는 강사들에게 더 많이 추천하는데요. 왜냐하면 눈에 보이는 제품을 팔거나 광고를 하는 사람과 다르게, 가치를 설파하는 사람들이 놓칠 수 있는 것들을 이 질문들로 인해 생각할 수 있기 때문입니다. 저 역시 강의를 준비할 때 피터 드러커의 질문을 적용해 강의 전략을 짭니다. 저의 답뿐만 아니라 제 강의를 듣는 청중 입장에서 답을 생각하다 보면, 청중이 원하는 강의를 더 촘촘히 준비할 수 있습니다.

다음 예시는 자살 예방 강사 교육을 할 때 제가 적용하는 피터 드러커의 다섯 가지 질문 과정입니다.

1. 무엇이 우리의 미션·사명인가?
- ◆ **질문 적용하기:** 자살 예방 강사 교육을 실시하는 나의 사명은?
- ◆ **답변 찾기:** 자살 예방 교육을 하는 사람들에게 효과적이고 전략적인 강의 방법 소개하기, 그들의 일이 얼마나 가치 있는지 일깨워주기.

2024년 MBC 연기대상을 수상한 한석규의 수상 소감이 큰 감동을 주었습니다. 그는 기쁨과 감사의 소감 대신, 제주항공 참사 희생자들을 애도하는 마음을 밝혔습니다. "연기자들이 하는 모든 것은 시청자를 위한 몸짓입니다." "제 평생 제가 하는 일의 큰 주제가 가족이라는 걸 얼마 전부터 되새겼습니다. 그 가족의 소중함을 전하고 싶어 〈이토록 친밀한 배신자〉를 했는데, 이런 사고가 나서 마음이 정말 아픕니다. 깊은 위로 말씀드립니다." 그의 말에는 '배우

한석규'의 사명이 잘 묻어났습니다. 첫 번째 질문을 그의 소감에 적용해 본다면, 배우 한석규의 사명은 '시청자들을 위한 연기, 가족의 소중함을 전하는 작품'이라고 정리할 수 있습니다.

첫 번째 질문은 좋은 토양입니다. 좋은 토양은 성공적인 농사의 중요한 요소라고 할 수 있습니다. 일을 하다보면 실패할 수도 있고, 번아웃이 올 수도 있습니다. 그럴 때는 사명에 대한 질문으로 다시 돌아가십시오. 롱런하는 사람들은 이 질문에 답을 하는 사람입니다.

2. 누가 우리의 고객인가?

- **질문 적용하기:** 자살 예방 강의를 듣는 사람은 누구인가?
- **답변 찾기:** 자살 예방의 소중함을 알아야 하는 국민, 당장 자살의 위험에서 벗어나야 하는 자살 고위험군 등.

이 질문은 타깃층을 설정하는 작업입니다. 앞으로 전략을 짜는데 있어서 가장 핵심이 되는 내용이지요. 자살 예방 강사가 국민을 대상으로 하는 교육과 자살 고위험군을 대상으로 하는 교육은 내용과 방향이 완전히 달라집니다. 또한 국민이 대상이라 할지라도, 연령과 직업군에 따라 메시지와 전략이 달라질 수 있습니다. 따라서 두 번째 질문에 대한 고민을 하면 할 수록 일과 소통을 더 정교하고 섬세하게 할 수 있습니다.

3. 우리의 고객이 가치 있게 생각하는 것은 무엇인가?
- **질문 적용하기:** 자살 예방 강사 교육을 듣는 사람들의 욕구와 필요는?
- **답변 찾기:** 강의를 잘하고 싶다, 지치지 않고 사람을 살리고 싶다.

아무리 일의 타깃을 정확하게 설정했다 하더라도, 그 대상이 무엇을 원하는지 고민하지 않는다면 일을 제대로 수행할 수 없습니다. 특히 자살 예방 같은 눈에 보이지 않는 가치를 실천하기 위해서는 실현 방안을 더 구체적이고 감각화시켜야 합니다.

언론인 20년 경력을 가진 저의 강의를 들으러 온 자살 예방 강사들의 가장 큰 욕구는 '강의를 잘할 수 있는 비법'일 것입니다. 그래서 저는 프로그램 기획하는 법, 방송 진행하는 법, 원고 작성하는 법 등을 총망라해 강의에 써먹을 수 있는 구체적인 노하우를 전달합니다. 영상자료는 언제 써야 하는지, 어디서 자료를 검색할 수 있는지, 어떤 자료는 좋고, 어떤 자료는 쓰지 않아야 하는지까지 말입니다.

또한, 지치지 않고 이 일을 계속 할 수 있는 동기부여를 위해서는 그들이 하는 일이 얼마나 귀한 일인지를 강조합니다. 대표적인 자살 예방 교육 프로그램 〈보고 듣고 말하기〉를 만든 고 임세원 교수의 책 구절과 그의 말을 소개하기도 하고, 드라마의 한 장면을 보여주기도 합니다.

4. 우리가 도달·달성해야 하는 결과는 무엇인가?
◆ **질문 적용하기:** 나의 강의를 듣고 그들의 인생은 어떻게 변할 것인가?
◆ **답변 찾기:** 적극적인 생명지킴이로서 변모한다.

이 질문에 대한 답, 내 일의 결과를 반드시 상상해야 합니다. 그래야 나의 일에 힘이 실립니다. '내가 이렇게 애쓰고 노력하는 일이 이런 결과를 가지고 오는구나' 하는 시뮬레이션은 일의 강력한 엔진이 되어 줍니다.

제가 만들었던 라디오 방송은 불특정 다수에게 내가 전하고 싶은 가치를 전달하는 형태입니다. 누가 듣는지, 얼마나 내 말에 귀 기울이고 있는지 모릅니다. 그러다 보면 가끔은 '나의 말과 인터뷰가 과연 누군가의 삶을 변화시키고 있는 걸까?'라는 의문이 들기도 합니다. 그때 저는 상상했습니다. 병원에 누워있는 환자가, 고된 육체노동을 하는 노동자가, 택시 기사가, 육아와 살림에 지친 주부가 지금 내 말을 듣고 있고, 내 일이 그들을 살리고 있다고요.

초등학생을 대상으로 자살 예방 교육을 하는 강사들은 과연 이 아이들이 내 말을 듣고 있는지, 자살의 위험성과 생명의 소중함을 알기는 하는 건지, 정말 내 말이 자살 위기에 놓인 아이들을 살릴 수 있는지 의문이 들 때가 있습니다. 이 의문은 두려움으로 이어지고 위축감을 느끼게 합니다. 이럴 때 필요한 것이 네 번째 질문입니다. "내가 도달해야 하는 결과는 무엇인가? 나는 오늘 부모에게도 털어놓지 못하는 자살 충동을 가진 아이가 내 강의를 듣고 도움을 요청해야겠다는 마음이 들게 만들겠다." 현실적이고 구체적으로 내 일의 결과를 상상하고 목표를 세우세요.

5. 우리의 계획은 어떠해야 하는가?

- ◆ **질문 적용하기:** 좋은 강의를 위해 내가 해야 할 것은?
- ◆ **답변 찾기:** '생명 사랑'이라는 밝고 당연한 명제를 잘 나타내기 위한 자료와 스토리텔링을 구상하자.

자, 이제 계획을 세우면 됩니다. 1~4번 질문의 답을 잘 찾는다는 것은 좋은 토양 위에 튼튼하고도 디테일한 설계도를 만들었다는 겁니다. 이것을 바탕으로 단기·장기 체크리스트를 만들고 액션 플랜을 짜면 됩니다. 이것이 바로 질문으로 만든 일의 매뉴얼입니다. 이 책을 쓰고 있는 저도 이 다섯 가지 질문에 비추어 제 책을 분석해 보겠습니다.

1. 무엇이 우리의 미션·사명인가?
- ◆ **질문 적용하기:** 이 책의 사명은 무엇인가?
- ◆ **답변 찾기:** 질문자로서 삶을 살아가기로 결심한 사람들에게 좋은 길잡이가 되는 것.

2. 누가 우리의 고객인가?
- ◆ **질문 적용하기:** 이 책의 독자는 누구인가?
- ◆ **답변 찾기:** 질문이 어려운 사람, 질문으로 일과 인간관계에서 성과를 내고 싶은 사람, 마음속 질문을 언어로 제대로 표현하고 싶은 사람.

3. 우리의 고객이 가치 있게 생각하는 것은 무엇인가?
- ◆ **질문 적용하기:** 생활에서 적용할 수 있는 질문법, 질문자로서 얻는 이득과 성과.
- ◆ **답변 찾기:** 실제 내가 경험한 일과 인간관계 영역에서 구체적 예시를 제시한다, 많은 질문자들의 사례를 소개한다.

4. 우리가 도달 · 달성해야 하는 결과는 무엇인가?

- **질문 적용하기:** 이 책을 읽은 독자들은 어떤 변화를 맞이해야하는가?

- **답변 찾기:** 질문자로서 자신의 삶의 운전대를 본인이 잡으며, 일에 있어서도 주도권을 갖는다.

5. 우리의 계획은 어떠해야 하는가?

- **질문 적용하기:** 이 책을 집필하기 위해 내가 해야 할 것은?

- **답변 찾기:** 쓰는 것.

핵심을 짚는 통찰,
요약하는 기술

                      질문을 디자인하는 연습을 하기 좋은 방법 중 하나는 책 한 권을 정해 저자를 인터뷰한다고 가정하고 질문을 써보는 것입니다. 저는 〈김혜민의 이슈&피플〉이라는 프로그램을 진행할 때 '신상 언박싱'이라는 코너에서 매주 저자 인터뷰를 진행했습니다. 책 한 권을 읽고 약 20분간 짧은 저자 인터뷰를 진행하려면 책의 핵심 메시지를 읽고 저자가 독자에게 말하고자 하는 바를 날카롭게 질문하는 것이 중요했습니다. 책에 관한 인터뷰이니, 당연히 책을 다 읽고 질문지를 작성했습니다. 그런데 인터뷰를 한 저자들은 깜짝 놀라며 "피디님, 진짜 책을 다 읽으셨네요!"라고 말하더군요. 오히려 제가 더 놀라 반문했습니다. "저자 인터뷰를 하면서 책을 다 읽지 않고 질문하는 사람도 있어요?"

물론 책을 다 읽지 않고 질문할 수 있습니다. 하지만 그건 맥락이 생략된 단편적인 질문일 가능성이 큽니다. 좋은 질문을 위한 가장 기본은 내용의 전체를 파악하는 것입니다. 평소 책을 읽을 때 저자를 인터뷰한다 생각하고, 저자에게 던지는 질문 열 개 정도를 뽑아내는 연습을 하면 좋습니다. 이 연습을 계속하면 책 한 권의 핵심을 볼 수 있는 통찰, 요약하는 기술을 키울 수 있습니다. 이 두 가지 능력이 있다면 좋은 질문을 할 수밖에 없거든요.

전체를 파악하고 흐름을 잡는 질문지 작성법

저의 질문지 작성법을 소개해 드릴게요. 발제를 하거나 두꺼운 책을 읽고 질문을 해야 할 때 등 다양하게 활용해 보시기 바랍니다. 이 연습을 하다 보면 지루하고 긴 강의나 발표를 듣고도 날카로운 칼날 같은 예리한 질문을 할 수 있게 될 것입니다.

먼저 목차를 살펴봅니다. 목차만 봐도 이 책이 무엇을 담고 있는지 알 수 있습니다. 모든 책에는 기-승-전-결이 있습니다. 목차는 기승전결을 담기 마련이죠. 너무 내용이 방대하거나 책이 두꺼워서 엄두가 나지 않을 때는 목차를 뿌리로 삼고 살을 붙여가며 내용을 파악하면 됩니다.

이후 소챕터를 읽으면서 생각나는 질문들을 두서없이 적습니다. 그러나 질문 개수는 정해놓고 하는 것이 좋습니다. 그러면 질문을 생각할 때도 두 번, 세 번 고민하게 되고, 결국 질 좋은 질문만 남게 됩니다. 이렇게 질문을 뽑으면 질문만 봐도 책 한 권을 요약한 효과를 얻을 수 있습니다.

다음 예시는 《전라디언의 굴레》를 쓴 조귀동 작가를 인터뷰 할 때 제가 작성했던 실제 질문지입니다.

Q1. 이재명, 윤석열, 심상정 세 명의 대선후보가 추천사를 쓴 책입니다. 저는 처음 봤어요. 이런 경우가 있었나요? 이 세 분이 추천사를 쓴 이유가 뭐라 생각하십니까?

➡ 모든 대선후보가 추천사를 쓸 만큼 이 책이 이슈가 돼서 인터뷰를 하는 것임을 청취자들에게 어필하는 질문입니다. 이 질문 하나로 이 책이 얼마나 중요한 책인지 구구절절 설명하지 않아도 되는 거죠.

> *tip* 프로젝트가 얼마나 중요한지, 간단하지만 묵직하게 말할 수 있는 내용을 첫 질문으로 만드세요.

Q2. 본격적인 인터뷰를 시작하기 전에 전라도에 대한 차별은 저도 많이 들어봤지만 지금도 그러한가…? 이 질문을 던져야 할 것 같습니다. 이 방송을 듣는 분들 중에서 '언제 적 이야기를 하는 거야?' 이럴 수도 있지 않을까요? 전라디언이라는 단어를 제목으로 쓰신 것도 부담스럽지 않으셨나요?

➡ 지역 차별은 예민한 주제이며, 전라디언은 부정적 의미가 담긴 단어입니다. 그럼에도 제목으로 쓴 저자의 의도가 분명히 있습니다. 이 부분을 먼저 짚고 넘어가야 마음이 불편한 사람들이 인터뷰를 계속해서 들을 수 있습니다.

> *tip* 질문을 시작할 때 오해나 잘못된 편견을 갖지 않도록 예방할 수 있는 질문은 먼저 꺼내는 것이 좋습니다.

Q3. 전작인 《세습 중산층 사회》에서 세습 중산층이 어떤 계급인지를 그렸다면, 이번 책에서는 전라도 출신, 전라디언을 세습 중산층과 정반대 축에 두신 것 같습니다.

➡ 단순히 이 책에 대한 질문만이 아니라, 작가의 전작과의 비교

로 작가의 세계관을 파악할 수 있는 좋은 질문이죠.

tip 이런 질문이 바로 상대가 소중하고 중요하게 여기는 가치를 물어봐 주는 질문입니다. 작가가 이 책을 쓰게 된 이유는 단순하지 않습니다. 전작과 연결되는 세계관이 분명히 있습니다.

1번부터 3번까지는 도입 질문입니다. 여기까지가 서론이라고 할 수 있죠. 4번부터는 본격적인 책의 내용에 관한 질문입니다. 질문만 읽어도 책의 내용이 파악될 수 있도록 굵직한 줄기를 잡아야 합니다. 질문 밑에는 이 질문을 생각하게 된 책의 구절을 적어둡니다. 질문할 때도, 꼬꼬무 질문을 만들 때도 유용합니다.

Q4. "호남 문제의 본질이 인종 문제다"라고 쓰셨습니다. 호남 차별의 시작이 근대화에 따른 대규모 인구 이동때문이라고 지적하셨는데요. 좀 더 설명을 부탁드립니다.

[메모] 호남 문제의 본질이 인종 문제라고 주장하는 것은 호남인이 인종적으로나 문화적으로 다른 지역과 다르다고 이야기 하는 것이 아니다. 전라도라는 지역과 전라도인이라는 이들이 근대화와 그에 따른 대규모 인구 이동 속에서 다른 인간 집단, 정확히는 좀 더 열등한 2등시민으로 간주되고, 스스로도 구별된

정체성을 갖게 됐다는 것이다. 그 강도와 인종에 해당하는 수준은 아닐지라도 꽤 높은 수준의 자각을 한 것으로 보인다.

[메모] 차별은 소외를 낳고 소외는 편견을 그리고 결국 편견이 차별을 정당화하면서 차별과 배제의 지배 메커니즘이 완성된다는 설명.

Q4-1. 인구 이동 때문에 경상도권과 전라도권의 기업 형태와 수가 다르다면서요?

[메모] 1997~2000년 상장사 중 기업주와 전문 경영인의 출신 지역이 어떤 상관관계가 있는가? 기업주의 출신 지역은 영남이 38.4%로 가장 많고, 이어 서울 경기가 33.6%, 그다음이 호남.

➡ 답변을 구체적으로 만들 수 있는 추가 질문도 좋습니다. 작가의 주장을 뒷받침할 수 있는 근거가 무언지 물어봐 주세요.

(tip) 근거에 관한 질문이 많아질수록 논리가 튼튼하고 설득력 있는 인터뷰가 가능합니다.

Q5. 이런 와중에 계속해서 정치세력을 TK 출신들이 잡는 것도 전라도인의 차별을 더 깊게 한 것이 아닌가 싶은데요.

[메모] TK 엘리트들은 국가를 경영하면서 자신들의 기반인 영남

을 중심으로 산업을 발전시켰다. 그들은 끈끈한 네트워크를 맺고 있는 영남 출신 기업인들에게 자본을 우선적으로 공급하고, 영남을 중심으로 각종 사회 간접자본을 건설했다.

➡ 시의성 있는 질문은 좋은 질문입니다. 작가의 주장이 지금 현실에는 어떻게 적용되고 발현돼 있는지 물어봐 주세요.

tip 시의성 있는 질문은 인터뷰를 생동감 있게 만들어 줍니다.

Q5-1. 그렇다면 전라도 출신인 김대중 대통령이 당선된 이후에도 달라진 것이 없었나요?

[메모] 적어도 정치 영역에서 호남이 받던 차별은 상당 부분 사라졌다. 민주당은 더는 호남당이 아니게 되었고, 2002년 노무현 정부와 2017년 문재인 정부에서 적지 않은 지분을 보장받았다. 이는 호남경제에 도움이 됐다. 별 연고가 없던 현대자동차그룹이 해체 위기에 몰린 타이거즈 야구단을 인수하고, 기아차 광주공장 생산량을 대폭 늘리며 나아가 광주형 일자리 사업에 참여한 데에는 상당 부분 정치적 고려가 있었다.

➡ 구체적 사례를 묻는 질문입니다.

Q5-2. 이렇게 되면 청년들이 호남을 떠나지 않을까요?

[메모] 산업화 시절 있었던 호남인의 디아스포라는 사실상 지금도 이어지고 있는 셈이다.

➡ 일자리와 청년들의 정착률은 밀접한 관계가 있지요. 지금의 현상을 설명해 줄 수 있는 맥락을 가진 질문입니다.

4번부터 5-2번까지는 책의 요점을 뽑아 질문한 내용으로, 본론이라고 할 수 있습니다. 결론에 해당하는 6~7번 질문을 하기 위해 쌓아 올리는 벽돌이라고 생각하고, 챕터 중 가장 중요한 내용 몇 가지를 뽑아 질문을 만든다고 생각하면 됩니다.

Q6. 호남을 향한 쓴소리도 아끼지 않았어요. 소지역주의에서 벗어나라고 하셨죠?

➡ 작가는 호남 출신입니다. 그의 충고는 전라도인들에게는 아프게 들리겠지만, 미움을 받지는 않습니다. 작가는 전라도에 애정을 가지고 이 책을 쓴 것이 분명하기에 그의 쓴소리는 대안이 될 수 있습니다.

Q7. 마지막으로 이 책이 호남 지역에 어떤 변화를 끼쳤으면 좋겠는

지, 나아가 한국 사회에 어떤 영향을 끼치기를 원하시나요?

tip 6~7번 질문이 바로 이 책의 핵심 메시지, 주제 의식입니다. 앞서 던진 질문의 수준에 따라 마지막 질문의 질이 결정됩니다.

관계를 단절시키는
나쁜 질문을 경계하라

 질문은 단순한 말의 기술이 아니라, 태도이자 인격입니다. '이 사람이 누구인지'를 가장 선명하게 드러내는 순간이, 바로 질문을 던질 때거든요. 그래서 질문은 세상을 향해 내가 어떤 사람인지를 드러내는 방식이라고 할 수 있습니다.

 앞서 옳지 않은 질문은 없지만, 나쁜 질문은 있다고 말씀드렸습니다. 나쁜 질문 중 가장 대표적인 것이 비윤리적인 내용을 담은 질문입니다. 다양성이 중요하고 강조되는 시대지만, 다양한 의견이라는 범주 안에 절대 들어갈 수 없는 차별과 혐오 표현과 시선이 담긴 질문이 있습니다. 물론 정도의 차이는 있지만 우리는 모두 특정 대상에 대한 편견과 차별적 인식을 가지고 있죠. 그러나 이것을 언어로 표현하는 것은 전혀 다릅니다.

차별과 혐오가 담긴 질문

'혐오의 피라미드'라는 개념이 있습니다. 편견이 담긴 말은 개인의 편견에 따른 행동으로 이어지고, 이는 결국 사회적, 경제적 활동에서의 배제라는 형태로 차별을 낳습니다. 나아가 이러한 차별

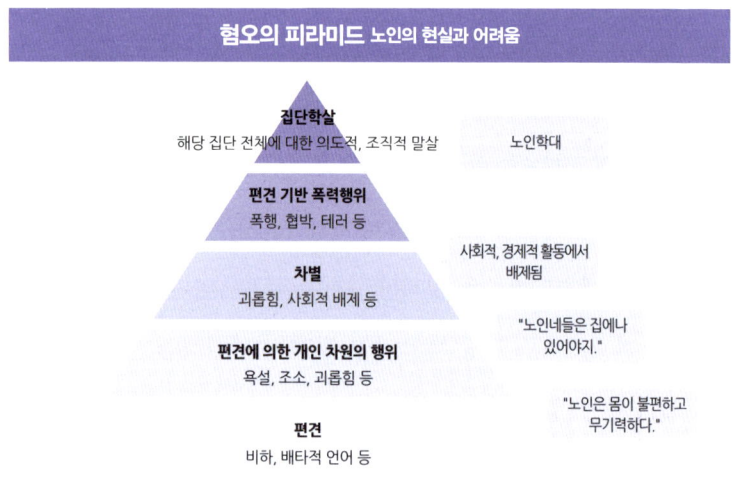

출처: 중앙노인보호전문기관

은 폭력과 집단학살로까지 이어질 수 있습니다.

그렇다면, 차별과 혐오가 담긴 질문은 무엇일까요? 챗GPT에 혐오성 질문의 예를 물어봤습니다.

◆ 인종 차별적 질문

특정 인종이나 민족에 대해 부정적인 일반화를 묻거나 조장하는 질문.

예) 왜 [특정 인종] 사람들은 항상 범죄를 저지르나요?

◆ 성차별적 질문

특정 성별에 대한 부정적인 고정관념을 묻거나 조장하는 질문.

예) 왜 여성들은 리더십 능력이 부족하다고 생각하세요?

◆ 성적 지향에 대한 혐오적 질문

성 소수자에 대한 부정적이거나 편견을 조장하는 질문.

예) 왜 동성애자들은 정상적이지 않다고 생각하세요?

◆ 종교 차별적 질문

특정 종교나 신념에 대해 부정적이거나 공격적인 질문.

예) 왜 [특정 종교] 믿는 사람들은 폭력적이라고 생각하세요?

◆ **장애에 대한 차별적 질문**

장애를 가진 사람들에 대한 부정적 편견이나 고정관념을 묻는 질문.

예 왜 장애인들은 일반 사람들보다 덜 유능한가요?

해서는 안 되는 질문에 대한 명확한 기준은 헌법에 있습니다. 대한민국 헌법 11조 1항에는 "모든 국민은 법 앞에 평등하다. 누구든지 성별, 종교, 또는 사회적 신분에 의하여 정치적, 경제적, 사회적, 문화적 생활의 모든 영역에 있어서 차별을 받지 아니한다"라고 명시돼 있습니다. 특정 국적, 인종, 성별, 계층, 종교, 세대, 문화에 대한 무시와 차등에 관한 내용을 질문해서는 안 되는거죠.

《선량한 차별주의자》의 김지혜 작가는 비하성 유머가 마음속 편견을 자극한다고 말하며, '웃자고 한 말에 죽자고 덤빈다'는 식의 항변에 더 이상 가만히 있으면 안 된다고 강조합니다. 이처럼 혐오를 담은 질문이 그대로 받아들여지는 순간, 그 말이 사회적으로 허용되는 표현처럼 인식될 수 있기 때문입니다.

이런 질문을 하지 않으려면, 언어감수성을 높여야 합니다. 고려대 신지영 교수는 "언어감수성이란 생각을 담는 도구인 언어가 내가 생각하는 바, 내가 추구하는 바, 내가 지향하는 바를 잘 담고 있는지 점검해 낼 수 있는 민감성"이라고 정의했습니다. 언어감수성이 내 질문의 바로미터가 되는 겁니다. 언어감수성이 높은 사람의 질문은 좋은 질문일 수밖에 없습니다.

> 언어감수성이 높다는 것은 차별이 없는 평등한 세상, 인권이 존중되고 민주주의가 꽃피는 세상을 바라면서 혹시 내가 하는 말이 내가 생각하는 바와 배치되고 있는 것은 아닌지 잘 살핀다는 뜻이다.
>
> _신지영, 《신지영 교수의 언어감수성 수업》 중에서

　언어감수성은 시대에 따라 달라집니다. 그때는 맞지만 지금은 틀리는 것이 많습니다. '벙어리장갑'은 이제 '손모아장갑'이라 불리고, '결손 가족'은 '한 부모 가족'이라 칭합니다. 예전에 아무 생각 없이 깔깔거리고 웃었던 맹구와 영구를 보며, 저는 이제 웃지 않습니다. 맹구와 영구는 말과 행동이 부족한 모자라고 웃긴 아이가 아니라, 돌봄과 배려가 필요한 친구이자 동료라는 걸 깨달았으니까요. 1986년 KBS 〈유머일번지〉에서 흑인 분장을 하고 우스꽝스러운 춤을 췄던 인기 개그 코너 '시커먼스'를 2017년 홍현희 씨가 패러디했다가 여론의 뭇매를 맞았습니다. 이제 더 이상 맹구, 영구, 시꺼먼스는 개그 프로그램에 등장하지 않을 겁니다. 우리 사회의

언어감수성이 달라졌으니까요. 그래서 언어감수성을 높이기 위해 우리는 끊임없이 공부해야 한다고 신지영 교수는 말합니다.

> 공부가 부족한 것은 무지한 것이고, 성찰이 부족한 것은 미성숙한 것이며, 용기가 없는 것은 비겁한 것이다. 언어감수성을 높이는 것은 결국 무지와 미성숙, 그리고 비겁함을 극복해 가는 과정이라고 할 수 있다.
>
> _신지영,《신지영 교수의 언어감수성 수업》중에서

제가 '공감, 연대 그리고 환대의 힘'이라는 제목의 사회적·언어감수성 관련 강의를 할 때마다 종종 이런 질문을 받습니다. "왜 제가 장애인과 성 소수자에 공감해야 하나요? 이들을 공감하고 연대하라고 말하는 것도 폭력 아닌가요?" 이 질문은 나쁜 질문이 아닙니다. 이 질문을 시작으로 좋은 토론이 이어진다면, 편견과 혐오의 벽에 금을 가게 하는 시작이 될 수 있으니까요.

저는 먼저 질문을 해주신 분께 감사 인사를 합니다. 누구나 이런 불편한 질문을 던지기 싫어하는데, 이 질문자는 뒤에서 욕하는 것이 아니라 앞에서 저의 생각을 물었으니까요. 그다음 최은숙 작가의 글을 소개합니다. 예민하고 날이 선 질문에는 즉답을 하는 것보다 책이나 영화 등 다른 콘텐츠를 인용하며 답을 하는 것이 지혜롭습니다.

> 어떻게든 버티며 존엄을 지켜가는 이들을 한순간에 무너뜨리는 것은 칼이 아니라 한마디 말이나 태도일 수 있다. 문제가 되면 별 뜻이 없었다고 해명되기 일쑤인 그 언동들은 사실 평소에 우리 안에 내재된 차별과 편견에 뿌리를 두고 있다. 차별과 편견은 어떤 존재를 한순간에 투명 인간으로 만들어버리기도 한다. (중략) 오히려 생각 없음이 문제를 일으키는 경우가 훨씬 더 많다.
>
> _최은숙, 《어떤 호소의 말들》 중에서

"네, 그렇게 생각하실 수 있어요. 저도 그런 생각을 한 적이 있으니까요. 그런데 제가 소수자들의 삶에 관심을 두면서 차별 받고 혐오 당하는 그들의 일상을 들여다보니, 해서는 안 되는 생각, 말, 질문이 있더라고요. 저의 아무 생각 없는 한마디와 질문 한 개가 간신히 버티며 서 있는 소수자들의 발에 힘을 빼게 할 수 있다는 것을 알게 됐거든요."

때로는 질문보다
앞서야 하는 것이 있다

유족이나 슬픔에 빠진 사람에게 하면 안 되는 질문이 있습니다. "지금 심정이 어떠십니까?" 사건사고가 터졌을 때, 기자들이 유족에게 툭 하고 자주 던지는 질문입니다. 때로는 공격적으로 들리기까지 해요. 저는 이 질문을 들을 때마다 굉장히 민망합니다. "기자님. 그들의 심정이 어떻겠습니까? 몰라서 물어보는 건가요?"라며 따지고 싶어요. 이렇게 형식적이고 아무 의미 없는 이런 질문은 해서는 안 됩니다. 물론 비극적 사건 같은 어려운 이야기의 문을 열기 위해 이런 종류의 질문을 하는 경우도 있습니다. 그렇다면 아주 조심스러운 목소리와 태도를 보이며 물어야 합니다. "저도 마음이 너무 아픈데요. 오죽하시겠습니까. 정말 어렵고 민망한 질문이지만, 지금 마음을 나눠주실 수 있으시겠습니까?"라고요.

세월호 참사가 있던 해 추석이었습니다. 그때도 여전히 시신을 찾지 못한 아이들이 있었습니다. 그중 한 아이의 아버지와 인터뷰를 하고 싶었습니다. 인터뷰를 요청 드리는 것도 면구한 상황이었습니다. 하지만 저는 청취자들에게 아직도 돌아오지 못한 아이들이 있고, 자녀 없이 추석을 맞이하는 부모가 있음을 알려주고 싶었습니다. 저는 인터뷰 수락 여부를 물어보기 전에 저의 의도와 심정을 진심을 다해 전했습니다. 그리고 흘러나온 아버님의 말씀이 아직도 생생합니다. "질문해주셔서 고맙습니다. 우리 아이가 점점 잊혀질까 봐 더 무섭습니다."

국민들이 나의 딸을 기억해 주길 바라니까요. 저는 세월호뿐 아니라 여러 가슴 아픈 사건의 유족들을 인터뷰하면서 '남은 자들은 떠난 자에 대해 이야기하고 싶어한다'는 것을 배웠습니다. 그들은 먼저 떠난 가족에 대해 세상이 질문해 주기를 원합니다. 하지만 슬픔을 입은 분들께는 질문 그 자체가 아니라, 질문을 하기까지의 자세와 마음의 결이 더 중요하다는 것을 기억해야 합니다. 마음 아픈 사람들에게 질문보다 앞서야 할 건 '기억해 드리고 싶습니다', '당신의 이야기를 듣고 싶습니다'라는 간절한 의도와 공감의 태도입니다. 바로 이것이 반드시 해야만 하는 과정입니다. 질문보다 앞서야 하는 것들을 생략하고 바로 질문만 던지는 것은 슬픔 속에 있는 사람을 절망 가운데로 미는 것임을 기억해 주시길 바랍니다.

더 이상 대화하지 않겠다는
극단적인 질문

한국에 온 예멘 난민과 관련된 인터뷰를 진행했을 때입니다. 이후 인터뷰 기사에 달린 댓글을 보며 혐오와 차별이 가득한 시선과 거침없는 표현에 충격을 받았습니다. 그중 가장 어이없는 댓글은 "이번에 들어온 난민 아이가 커서 네 아이를 살해해도 너는 난민을 받아들여야 한다고 이야기할 거냐?"라는 질문이었습니다. "이게 너의 일이라도 그럴 거니?"는 어느 때에는 역지사지의 질문이지만, 이런 극단적인 상황을 상정해 놓고 던지는 질문은 옳지 않은 질문입니다. "사형제도에 반대한다고요? 당신 가족이 이런 범죄에 희생 돼도 그렇게 주장할 건가요?"라는 질문은 더 이상 합리적인 토론을 하지 않겠다는 선언과 같습니다.

서울시자살예방센터에서 김현수 센터장과 정신과 전문의 김병후 선생과 행사를 진행한 적이 있습니다. 당연히 행사의 핵심 메시지는 '자살은 절대 하면 안 된다' 였지요. 그런데 참석자들이 "자살은 정말 해서는 안 되는 건가요? 아무리 살아보려고 해도 살 수 없는 환경이 펼쳐질 때가 있습니다", "자살도 자기 신체의 권리가 아닌가요?" 등의 질문을 했습니다. 자살 예방을 이야기하는 자리에서 이런 질문은 해서는 안 되는 걸까요? 이날 질문을 받은 어느 누구도 불쾌해하지 않았습니다. 왜냐하면 이 질문들은 앞선 질문과는 다르기 때문입니다. 일단 이 질문들은 질문자나 타인을 공격하는 질문이 아니죠. 질문을 받은 김현수, 김병후 선생은 이 질문을 한 사람들의 마음과 심리를 충분히 헤아리는 전문가들이니까요. 또한 죽고 싶은 사람은 없으며, 자살하려는 이유가 없어진다면 자살을 선택할 사람은 없음을 잘 아는 전문가들이기 때문입니다.

백종우 경희대 정신의학과 교수는 다른 자리에서 이와 같은 질문을 받고 자신이 공보의 시절, 꽃동네에서 만난 환자 이야기를 해줬습니다. 증세가 심각한 조현병 환자가 무뇌아로 태어나 평생 누워있던 한 환자를 돌봤답니다. 그곳에 있는 의료진 모두 두 환자를 포기한 상태였는데, 조현병 환자가 누워있는 환자를 정성껏 먹이고 입히고 돌보니, 무뇌아인 환자가 태어나서 처음으로 표정을 지으며 감정 표현을 했다는 겁니다. 그 모습을 보고 '어느 누구의 인생도 포기하면 안 되고, 의미가 없다는 말을 할 수 없다'라는 걸 깨달았다는 것이 그의 답변이었습니다. "자살은 정말 하면 안 되나요?"라는 질문에 네, 아니오 라고 단칼에 답하는 것보다, 백종우 교수의 이 이야기가 저는 훨씬 여운이 남았습니다.

《질문 빈곤 사회》의 저자 강남순 교수는 우리 사회의 약자인 성

소수자, 비정규직, 장애인, 지방대 출신, 여성 등을 차별하고 혐오하는 이유는 '질문의 부재'라고 말합니다. 옳지 않은 질문은 무엇일까에 대해 한번 생각해 보시기를 권유해 드립니다. 당신의 약자를 향한 민감성, 언어적 감수성에 따라 질문의 개수가 달라질 것입니다. 부디 당신이 생각하는 옳지 않은 질문이 많기를 바랍니다.

뻔하지 않은 질문,
있어 보이는 대화

노벨문학상을 수상한 한강 작가는 기자회견은 물론 어떤 인터뷰도 하지 않았습니다. 노벨상을 타기 직전에 했던 〈매일경제〉 김유태 기자와의 서면 인터뷰가 유일합니다. 인터뷰 기사는 정말 한강$^{Hangang\ River}$처럼 고요했습니다. 푸르른 한강 작가의 언어와 사유는 말할 것도 없이 좋았지만, 저는 김유태 기자의 질문이 정말 인상 깊었습니다.

김유태 지금 선생님이 위치하신 장소의 풍경이 궁금합니다. 창문 바깥의 풍경엔 어떤 사람들이 지나가고 탁자엔 어떤 사물이 있는지,

또 어떤 책이 펼쳐져 있는지.

한강 지금은 일요일 새벽(6일)이라 창밖에 아무도 지나가지 않고 고요합니다. 최근까지 조해진 작가의 《빛과 멜로디》, 김애란 작가의 《이중 하나는 거짓말》을 읽었고, 지금은 유디트 샬란스키의 《잃어버린 것들의 목록》과 장 자크 루소의 《루소의 식물학 강의》를 번갈아 읽고 있습니다. 사이사이 문예지들도 손 가는 대로 읽고요. 저는 쓰는 사람이기 전에 읽는 사람이라고 느낍니다. 고단한 날에도 한 문단이라도 읽고 잠들어야 마음이 편안해집니다.

김유태 마지막 질문입니다. 어쩌면 이 질문을 드리기 위한 인터뷰였는지도 모르겠습니다. 집필하시는 순간, 선생님이 보시는 '골방의 풍경'이 궁금합니다. 집필 공간으로서의 물리적 풍경이 아니라 '쓰고 있는 순간에 선생님께서 보시는 상태의 정신적인 풍경'이 궁금합니다. 누가 지나가고, 누가 말을 거는지, 또 어떤 일이 벌어지고 있는지.

한강 심장 속, 아주 작은 불꽃이 타고 있는 곳. 전류와 비슷한 생명의 감각이 솟아나는 곳.

_〈매일경제〉, 2024년 10월 11일자 단독 인터뷰 중에서

노벨상을 탄 작가의 창문 밖 풍경, 탁자에 놓인 사물, 그리고 작가의 정신적 풍경에 대한 질문이라니. 기가 막히지 않나요? 마치 조선시대에 풍류 시인 두 명이 시를 주고받는 풍경 같습니다. 질문의 언어는 부드러운데, 인터뷰는 질문자와 답변자의 에너지로 가득 차 읽는 내내 환희가 가득 찼습니다. 김 기자는 신문 인터뷰 질문이라 하기에 너무 현학적이라는 비판도 받았지만, 한강 작가에게 무슨 이야기를 이끌어내려면 한강 작가 수준의 질문이 아니면 안 된다고 생각했다고 밝혔습니다.

> 나는 그분의 문門을 열어야만 했다. "《작별하지 않는다》는 어떤 책인가요?"와 같은 수준의 저급한 질문을 던졌다간 그분이 그나마 여신 창문을 꽁꽁 닫으리라는 판단에 변함이 없다. 그러니까 질문은, 그렇게 쓸 수밖에 없었다. 만약 시간이 허락되어 리라이팅을 했다면 오히려 인터뷰 기사를 망쳤으리란 생각에도 변함이 없다.
>
> _김유태 기자, 개인 페이스북 글 중에서

뻔하지 않은 질문으로 인터뷰를 성사한 김유태 기자의 성공담은 부럽고도 많은 배움을 주지만, 사실 이런 질문을 할 수 있는 사람도 답할 수 있는 사람도 많지 않습니다. 또한 이런 질문을 필요로 하는 자리 역시 많지 않습니다. 사실 뻔한 질문을 주고받는 것이 대부분입니다.

그렇다면 뻔한 질문은 좋은 질문이 아닐까요? 신박한 질문은 무조건 좋은 질문일까요? 방송 피디는 적어도 일 년에 두 번씩 프로그램 개편을 합니다. 기존 프로그램에 조그만 변화를 주어 리모델링을 할 때도 있고, 아예 새로운 프로그램을 기획하기도 하는데요. 그때마다 세상에 없던 콘텐츠를 만들기 위해 머리를 쥐어뜯지만, 단 한 번도 완전히 새로운 것을 만든 적은 없습니다. 하지만 인간은 늘 발전합니다. 제자리에 머무는 법이 없습니다. 기존에 누군가가 만들어놓은 제도, 도구 등을 기초로 삼아 더 나은 것을 창조합니다. 창의적인 일을 하는 모든 사람은 다 무언가를 주춧돌로 삼아 작업을 합니다. 질문도 마찬가지입니다. 엄청나게 새롭고 대단히 신박한 질문은 그리 많지 않습니다.

인터뷰 프로그램을 진행하면서 늘 저를 괴롭게 하는 고민은 '어떻게 하면 새로운 질문을 던질까?'였습니다. 새로운 질문을 생각해 내기란 쉽지 않았습니다. 뻔한 질문을 안 할 수는 없습니다. 뻔하지만 기본적으로 필요한 질문이 있으니까요. 그래서 마음을 바꿨습니다.

"어떻게 야구선수가 홈런을 매번 쳐? 평타 7, 홈런 3 정도처럼 뻔한 질문 7, 뻔하지 않은 질문 3 정도만 하자."

그리고 '뻔한 질문을 뻔하지 않은 표현으로 할 수 있는 방법은 없을까?'를 생각했습니다. 이런 고민은 다양한 어휘, 표현, 시선에 대한 연구로까지 나아갔습니다. 이렇게 뻔한 질문을 뻔하지 않게 하려고 하다 보니, 뻔하지 않는 질문이 만들어지더라고요. 필연적으로 말이죠. 이어서 뻔한 질문을 뻔하지 않게 표현한 다른 사람들의 질문들을 공부하기 시작했습니다.

에디터 〈김지수의 인터스텔라〉가 '사람들에게 환영받는다'고 느낀 순간은 언제였나요?

김지수 글쎄요. 배우 최민식 씨를 인터뷰했을 때 "나는 대중을 믿지 않는다"는 말을 들은 적 있는데요. 동감해요. 사람들은 좋은 기사에 확 반응하지만, 마음에 들지 않으면 반응하지 않아요. 정직하고 귀한 존재죠. 그래서 믿지 않고 항상 기억합니다.

_〈폴인〉, 김지수 인터뷰 중에서

작가나 배우에게 가장 흔하게 던질 수 있는 질문은 '작품이 사랑받는다고 느낄 때가 어느 때인지, 어떤 반응이 기억에 남는지'입니다. 흔하지만 꼭 해야 하는 질문 중 하나죠. 창작자에게 독자의 반응만큼 소중하고 강력한 것은 없으니까 말입니다. 이 뻔한 질문을 '사람들에게 환영받는다고 느낀 순간은 언제인가?' 하고 물으니 전혀 새로운 질문처럼 느껴집니다. 분명 이때 에디터는 던져야 하는 뻔한 질문을 어떻게 하면 덜 뻔하게 느껴지게 할까 고민했을 것입니다. 그럴 만도 하지요. 이 질문을 받는 사람은 '우리나라 최고의 인터뷰이' 김지수 작가니까요. 김 작가는 김지수다운 뻔하지 않은 대답을 내놓습니다. 분명 본인을 춤추게 한 반응, 칭찬 등이 없지 않을 텐데, '독자의 환호는 믿지 않는다'는 말을 돌려 이야기하는 동시에, 독자는 정직하고 귀한 존재라고 치켜올리죠. 그러면서 믿지 않고 "기억한다"라고 표현합니다.

저는 김지수의 인터뷰를 참 좋아합니다. 그녀의 질문이나, 인터뷰를 풀어나가는 글이 '있어 보이기' 때문입니다. 왜 김지수의 질문은 있어 보일까요? 지난 2021년 9월, 저는 김지수 작가를 인터뷰했는데요. 그때 저의 첫 질문은 고해성사였습니다.

"저는 김지수 기자님이 대한민국 최고의 인터뷰이라고 생각해요. 그러니까 제가 얼마나 이 인터뷰가 부담스럽고 떨리겠어요. 그래서 첫 질문을 막 되게 멋있는 걸 하고 싶었는데…. '인사 한말씀 해주세요.' 이거 너무 진부하잖아요."

그리고 제가 던진 첫 질문은 "기자님은 첫 질문을 어떻게 던지세요?" 였습니다. 자신의 취약성을 드러낸 이후 질문을 던지는 것. 이것도 저는 좋은 질문이라고 생각해요. 사실 이 경우는 '나는 당신처럼 좋은 질문을 던지는 사람은 아니다'라는 저의 한계를 보여줬다 보다는, '당신이 그만큼 좋은 질문자다'라는 찬사를 보낸 것이죠. 상대가 자신을 낮추며 나를 높여준다면 얼마나 고맙고 마음의 문이 열리겠어요. 좋은 대화가 시작된 거죠. 김지수 작가는 질문을 던지기 이전에 대상자를 관찰한다고 답했습니다.

> 저는요. 질문을 던지려고 한다기보다는 관찰하고 말문을 열려고 해요. 그러니까 사실 질문이라는 건 굉장히 목적이 있는 공이거든요. 그래서 질문을 받으면 그 목적에 부합하는 뭔가를 하려고 일단 텐션이 들어가잖아요. 그런데 호기심, 관찰해서 여는 말문은 조금 달라요. 예를 들어서, 가수 장기하 씨를 만났을 때 관찰하고 '페이스 디자인이 정교하네요?' 이렇게 던지는 거죠. 그러면 장기하 씨는 '어, 맞아요'라고 하면서 자기 창작의 패턴이라는 게 군더더기를 뺀 핵심만 추리는 디자인 기법과 닮았다는 걸 자연스럽게 연결해서 말하게 되고요. (중략) 특별히 목적이 있는 인터뷰 세계에 있다기보다는 아주

스몰토크하듯이 무방비 상태로 만드는 게 사실은 첫 질문의
목적이에요.

_〈YTN라디오 김혜민의 이슈&피플〉, 김지수 인터뷰 중에서

"인터뷰는 목적이 있는 행위임이 분명하지만, 첫 질문은 목적이 없는 스몰토크로 인터뷰 대상을 무방비 상태로 만드는 것이다"라 니요.

옥주현이 노래할 때는 실제로 무대에 블랙 올리브나 진한 적 포도주 향기가 났다.

_김지수,《일터의 문장들》옥주현 인터뷰 중에서

옥주현 씨 가창력에 대한 찬사 역시 많은 곳에서 쏟아지지요. 하지만 이런 공감각적인 표현은 흔치 않습니다. 김지수 작가는 '옥주현은 목소리가 크고 멋있습니다'라는 것은 설명일 뿐이라며, 오감이 느껴지도록 만드는 것이 중요하다고 했습니다. 이런 표현에 대한 고민이 있기에 김지수 작가의 질문은 늘 있어 보이는 게 아닐까 생각합니다.

있어 보이게 질문하는 또 하나의 비법은 바로 풍성한 인문학적

지식입니다. 물론 질문은 자신이 무엇을 얼마나 알고 있는지를 자랑하는 작업은 아닙니다. 하지만 질문할 때 한두 문장 정도 관련 인용이나 이론 등을 덧붙이면, 질문하는 사람도 훨씬 깊은 답변을 할 수 있습니다. 김지수 기자의 다음 질문처럼 말이죠.

> 어떤 철학자는 '미지근하게 살면 지옥에도 못 간다'는 단테의 신곡을 인용하면서 최선의 길을 가지 않는 게으름이 죄라고도 하더군요. 어떻게 생각하세요?
>
> _김지수, 〈이코노미조선〉 김기석 목사 인터뷰 중에서

통계나 팩트를 활용해 질문하는 것도 좋습니다. 제가 경제 프로그램을 진행할 때 애용했던 방법입니다. 인식의 변화와 수치의 증감을 비교, 대조하는 질문 역시 효과적입니다. 예를 들면 "정부의 이번 전략이 지난해와 어떤 점이 다른가요? 소비자들에게 미치는 영향은 어떻게 달라질까요?" 같은 질문입니다.

마지막으로 질문에 시대적 정신과 의미를 담는다면 그 질문은 시의성 있으면서도 의미 있는 질문이 됩니다. 저는 "프로그램을 만들 때 스스로에게 던지는 질문은 무엇인가요?"라는 질문을 받은 적이 있습니다. 그때 주저하지 않고 답했던 것이 바로 '시대 정신'

입니다. 보이지 않지만 시대를 이끄는 것들이 있습니다. 세상은 주로 트렌드에만 관심을 갖지만, 시대 정신에 눈길을 주는 것이 중요합니다. 시대 정신에 맞는 질문은 좋은 질문일 수밖에 없거든요. 시대 정신을 알려면 뉴스 서치와 독서는 기본이며, 사회적 약자에 대한 관심이 중요합니다.

저는 우리 시대의 가장 약한 고리를 강하게 만들려고 노력할 때 축이 되는 것이 '시대 정신'이라고 생각합니다. 제가 프로그램을 기획할 때마다 '피디가 만드는 프로그램이 지금 이 시대에 필요한 정신과 내용을 담고 있는가? 이 시대의 사람들이 소구할 수 있는 매력을 가지고 있는가?'라는 질문으로 시작하는 것처럼, 당신이 지금 던지려는 질문이 시대 정신을 담고 있는지를 살펴본다면 누구보다 있어 보이는 질문을 던지는 질문자가 될 수 있을 것입니다.

오디션 프로그램 중 〈싱어게인〉을 참 재밌게 봤습니다. 저는 가수들의 공연보다 심사위원들의 다양한 심사평이 인상 깊었습니다. 같은 노래를 듣고도 저렇게 다양한 반응을 보일 수 있다는 것이 새삼 신기했습니다. 백지영 씨는 오랜 경력의 가수답게 전문성과 감성, 그리고 공연자를 존중하는 태도가 빛이 났습니다. 김이나 씨는 다양한 어휘와 찰떡같은 묘사가 인상 깊었습니다. 선미 씨와 혜리 씨는 표정으로 진심을 담아냈습니다. 같은 노래 한 곡을 듣고 뻔한 심사평이 아닌 자신만의 언어로 심사평을 할 수 있는 것은 그냥 되는 것이 아닙니다. 그것이 내공이지요.

여러분도 있어 보이게 질문할 수 있는 법, 뻔한 질문을 뻔하지 않게 할 수 있는 법을 계발하시기 바랍니다. 좋은 질문자의 내공은 관찰과 공부를 통해 쌓입니다.

Epilogue

질문하는 삶이 가장 단단하고 깊은 삶이다

사실 처음 '질문'에 관한 책을 써보는 게 어떻겠냐고 제안받은 것은 AI 시대에 챗GPT 등을 이용할 때 어떻게 하면 좋은 질문을 던져 효과적인 답을 얻을 수 있을지에 대한 팁을 담은 실용서였습니다. 그런데 곰곰 생각하니 저는 그런 책을 쓸 수 없는 사람이었습니다. 편집자는 제게 "작가님은 기술 인간이 아닌 관계의 인간이니까요"라고 말하더군요.

맞습니다. 저는 사실 챗GPT도 이번 책을 쓰며 처음 사용해 봤습니다. 여전히 저는 수첩과 펜으로 기록하고 종이책을 훨씬 좋아합니다. AI 시대를 살아가기에는 모자란 인간입니다. 그런데 저는

AI 시대에 인간에게 꼭 필요한 것을 하나 꼽으라면, 인간만이 할 수 있는 '촌스러움'이 아닐까 싶어요. 수고스러움을 기꺼이 감당하면서 손으로 글을 쓰고, 질감을 느끼며 책장을 넘기고, 질문의 답을 찾기 위해 도서관에 처박혀 여러 책을 뒤적거리고, 좋은 질문을 찾기 위해 상대에 대해 궁금해하고 관찰하는 것, 적합한 언어를 공부하기 위해 촉을 세우는 일 등 말이죠.

저는 질문을 할 수 있기 시작하면서부터 언론인으로 사는 20년 동안 이 촌스러움을 유지하며 살았습니다. 감성은 촌스럽지만 태도와 말투는 세련되게 하려고 공부하다 보니 어느 순간 좋은 질문자로 불리게 되고, 이렇게 질문에 관한 책까지 쓰게 됐습니다.

질문이라는 행위는 나 혼자 할 수 있는 것이 아닙니다. 질문하는 자와 질문받는 자의 관계 가운데 이루어지는 겁니다. 그리고 질문은 상대와 관계를 시작하게 하고 발전시킬 수 있는 힘이 있습니다. 저는 질문자로 살면서 엄청난 수혜를 입었습니다. 주변에 늘 제 질문을 받아주는 사람들이 있었고, 그분들의 답으로 저는 지혜와 경험을 거저 얻었습니다. 질문으로 서로를 알아갔고, 인생의 동료들을 얻었습니다. 나의 다정한 이웃들, 동지들, 친구들 감사합니다. 당신들이 나의 답입니다.

이 책을 마무리하면서 저는 다시 한번 질문은 정보를 얻는 기술이 아니라, 사람을 향한 태도라는 것을 깨닫습니다. 질문은 상대를 향해 걷는 걸음이고, 그 걸음을 통해 나의 자리를 확인하는 일입니다. 질문은 한 걸음 멈춰 서서 "당신은 어떤 사람인가요?"라고 묻는 일입니다. 그리고 때로는 조용히 "나는 어떤 사람이어야 할까요?"라고 내게 되묻는 일이기도 합니다.

질문하는 삶은 종종 느리고, 때로는 불편합니다. 정답이 보이지 않을 때도 있고, 대답이 돌아오지 않을 때도 있습니다. 하지만 저는 이제 압니다. 질문을 품고 살아가는 삶이야말로 가장 단단하고 깊은 삶이라는 것을요. 질문을 멈추지 않는 사람은 결국 '듣는 사람'이 되고, 듣는 사람은 '변화하는 사람'이 됩니다.

이 책의 마지막 장을 덮는 지금, 당신이 딱 하나의 질문만 기억하셨으면 합니다.

"나는 오늘 누구에게, 어떤 마음으로 질문을 던졌는가?"

그 질문이 당신의 내일을 바꾸는 첫 문장이 되기를 바랍니다.

◆ ◆ ◆

제 첫 질문의 대상이자 답변자 나의 아버지 김향원 님, 어머니 최영화 님께 깊은 감사를 드립니다. 두 분은 제게 늘 질문할 수 있는 안전한 환경과 지혜로운 통찰을 답으로 주셨습니다. 어떻게 하면 인생을 끝까지 성실하게 살아낼 수 있는지 몸소 답을 주시는 시어머니 박성미 님께도 존경을 표합니다. 질문자의 DNA를 받아 대한민국 교육 현장에서 질문자로 살아내느라 때로는 피곤하고 혼도 나는 인생을 살고 있는 나의 아이들 제연우, 제연서 님께 지지와 연대를 보냅니다. (엄마는 너희들이 절대 질문자의 삶을 포기하지 않기를 간절히 바란단다.) 있는 모습 그대로 나로 살 수 있도록 늘 내 곁을 지키는 나의 파트너 제주철 씨 사랑합니다. 마지막으로 늘 내게 정답을 주시는 나의 하나님, 감사합니다.

질문자 김혜민

대화를 이끌고 관계를 바꾸는
좋은 질문의 힘

초판 1쇄 인쇄 | 2025년 7월 15일
초판 1쇄 발행 | 2025년 7월 25일

지은이　　　| 김혜민
펴낸이　　　| 전준석
펴낸곳　　　| 시크릿하우스
주소　　　　| 서울특별시 마포구 독막로3길 51, 402호
대표전화　　| 02-6339-0117
팩스　　　　| 02-304-9122
이메일　　　| secret@jstone.biz
블로그　　　| blog.naver.com/jstone2018
페이스북　　| @secrethouse2018
인스타그램　| @secrethouse_book
출판등록　　| 2018년 10월 1일 제2019-000001호

ⓒ 김혜민, 2025

ISBN 979-11-94522-19-5　03190

- 이 책은 저작권법에 따라 보호받는 저작물이므로 무단전재와 무단복제를 금지하며, 이 책의 전부 또는 일부를 이용하려면 반드시 저작권자와 시크릿하우스의 서면 동의를 받아야 합니다.
- 값은 뒤표지에 있습니다. 잘못된 책은 구입처에서 바꿔드립니다.